# Altersverwirrte Menschen seelsorgerlich begleiten

Klaus Depping

# Altersverwirrte Menschen seelsorgerlich begleiten

Hintergründe, Zugänge, Begegnungsebenen

Band 1

LVH

Bibliografische Information der Deutschen Nationalbibliothek

Die Deutsche Nationalbibliothek verzeichnet diese Publikation in der Deutschen Nationalbibliografie; detaillierte bibliografische Daten sind im Internet über http://www.d-nb.de abrufbar.

© Lutherisches Verlagshaus GmbH, Hannover 2008
www.lvh.de
Alle Rechte vorbehalten
3., überarbeitete und aktualisierte Auflage
Umschlaggestaltung:
Andreas Klein, Stilfrei Grafikatelier, Hannover
Satz, Druck und Bindung:
MHD Druck und Service GmbH, Hermannsburg

ISBN 978-3-7859-0974-4

Printed in Germany

# Inhalt

# Vorwort von Prof. Dr. med. Erich Grond

Pastor Klaus Depping hat sein bewährtes Buch „Altersverwirrte Menschen seelsorgerlich begleiten – Hintergründe, Zugänge, Begegnungsebenen" sehr sorgfältig überarbeitet. Er war in der Ev.-luth. Landeskirche Hannovers beauftragt mit dem Projekt „Zurüstung und Begleitung von Pastoren und kirchlichen Mitarbeitern für die Seelsorge an alten (vor allem pflegebedürftigen und desorientierten) Menschen". Mit Hilfe eines Beraterkreises beim Landeskirchenamt und vor allem durch seine eigenen praktischen Erfahrungen in der seelsorglichen Mitarbeit in einem Alten- und Pflegeheim entstand die Erstauflage 1993.

Wie der Untertitel deutlich macht, handelt es sich um ein pädagogisches Buch für die in der Aus- und Fortbildung Tätigen im Altenpflegebereich, in der Fortbildung von Pastorinnen und Pastoren, Diakoninnen und Diakone, Sozialarbeiterinnen und Sozialarbeitern, in der Fortbildung von Ehrenamtlichen sowie für die Begleitung von pflegenden Angehörigen. Das Buch wendet sich aber nicht nur an professionell in der Erwachsenenbildung Tätige.

In der jetzt vorliegenden Auflage hat der Verfasser neue wissenschaftliche Erkenntnisse eingearbeitet. Neu aufgenommen hat er das Kapitel „Wahrnehmung des Krankheitsstadiums" nach den Entwicklungsstufen von Sprache, Denken, Emotionalität und Glauben sowie das Kapitel „Wahrnehmen im biografisch-historischen Kontext".

Der Abschnitt „Das seelsorgliche Einzelgespräch" ist vollständig neu gestaltet und orientiert sich an der Begleitung im frühen, im mittleren, im Spät- und im Sterbensstadium. Im Frühstadium beschreibt er eindrucksvoll das Sichern der Identität durch Erinnern, Betrachten von Bildern und „Begreifen" der Lebensgeschichte.

Im mittleren Stadium vermittelt er das Akzeptieren in der präsentischen Vergangenheit durch narrativen und empathischen Umgang mit verwirrten Äußerungen und psychotischen Ideen. Dabei orientiert er sich spirituell an Glaubensgeschichten, am empathischen Bild und an musischer und handelnder Begleitung.

Im Spät- und Sterbensstadium erläutert er eingehend das Begleiten durch Sprache, symbolisch-musische Zuwendung und nährenden Körperkontakt und das geistliche Begleiten durch Theopoesie, Kirchenmusik, Zärtlichkeitsformen der Sprache, durch Atemgemeinschaft und durch Gestik als Abbild der Liebe Gottes.

Die Abschnitte „Der Gottesdienst" und „Seelsorge in der Gruppe" entsprechen weitgehend der Erst-Auflage.

In den „Theoretischen Reflexionen" des Anhangs begründet der Verfasser die bleibende Würde des dementen Menschen überzeugend mit der Beziehung Gottes zum Menschen. Die Rolle des Seelsorgenden erklärt er als Abbild von Gottes Liebe, als Säende des Gottvertrauens und als Ermutigte.

Mich überzeugt Klaus Depping in diesem Buch durch sein einfühlendes Verstehen, sein vorbehaltloses Akzeptieren des verwirrten und manchmal herausfordernden Verhaltens dementer Personen und durch seine tiefe Gläubigkeit und sein Hoffen, dass diese völlig verwirrten und hilflosen Menschen jenseits aller Rationalität mit Hilfe von Seelsorgern die Nähe Gottes erfahren können.

Prof. Dr. med. Erich Grond          Hagen (Westfalen), im Mai 2008
Internist – Psychotherapeut
Sozialmedizin

# Vorwort des Autors

Ein zentrales Problem in der Altenseelsorge ist heute der Umgang mit an Demenz erkrankten Menschen. Dieses Problem stellt sich besonders im Umgang mit Hochbetagten. Eine Statistik über die Häufigkeit der Demenz bezogen auf Altersgruppen gibt folgende Übersicht (Bickel 2002):

| | |
|---|---|
| 65-bis 69-Jährige | 1,2% |
| 70-bis 74-Jährige | 2,8% |
| 75-bis 79-Jährige | 6,0% |
| 80-bis 84-Jährige | 13,3% |
| 85-bis 89-Jährige | 23,9% |
| über 90-Jährige | 34,6% |

Betrachtet man die Demenz im gesellschaftlichen Kontext, so werden zur Zeit in Deutschland 950.000 Menschen gezählt, die an einer Demenz erkrankt sind. Prognosen für die Entwicklung der Anzahl der Demenzkranken gehen davon aus, dass es zukünftig zu einem enormen Anstieg der Zahl der Erkrankten kommen wird. Man vermutet, dass sich in Deutschland die Zahl bis 2040 um etwa 50% steigern wird. Es wird dann etwa 1,4 Mio. Erkrankte geben (Beyreuther u. a. 2002, S. 25). Eine andere Hochrechnung für das Jahr 2050 kommt auf 2 – 2,5 Mio. Erkrankte (Grond 2005, S.17). Die Demenzproblematik wird demnach die Altenseelsorge in Zukunft noch vermehrt fordern.

Was hier vorliegt, hat bereits eine längere Geschichte. Bereits im Jahre 1987 erkannte die Ev.-luth. Landeskirche Hannovers die Notwendigkeit, Erkenntnisse über die seelische Verfassung dementer Menschen zu gewinnen und Seelsorgende für ihre Begleitung gezielt zu qualifizieren, dieses auch auf Grund der Wahrnehmung, dass sich die ansonsten in der Seelsorge vorhandenen Konzepte und Strategien für diese Zielgruppe als unzureichend darstellten.

Es wurde ein siebenjähriges Projekt auf den Weg gebracht mit der Zielsetzung der „Zurüstung und Begleitung von Pastoren und kirchlichen Mitarbeitern für die Seelsorge an alten (vor allem pflegebedürftigen und desorientierten) Menschen". Konkret wurden folgende Arbeitsvorgaben gemacht:

– Sammeln von praktischen Erfahrungen in der Seelsorge mit der Zielgruppe und ihren Angehörigen und Dokumentation unter Einbeziehung der entsprechenden Literatur und Auswertung von Hospitationen.

– Durchführung von Veranstaltungen zur Begleitung/Fortbildung von Pastorinnen und Pastoren, Mitarbeiterinnen und Mitarbeitern, Angehörigen in der Seelsorge an der genannten Zielgruppe mit dem Ziel einer auch methodischen Dokumentation.

– Entwicklung eines Begleit-/Fortbildungsangebotes für die regionale und landeskirchliche Ebene.

Als Praxisfeld wurde ein Alten- und Pflegeheim in Quakenbrück, das St. Sylvesterstift, gewählt. Die Durchführung dieses Projektes wurde mir anvertraut. Nach Abschluss des Projekts wurde in Hannover eine Arbeitsstelle eingerichtet, von der aus weiterhin Fortbildungsmaßnahmen im Bereich der Seelsorge mit dementen Menschen organisiert wurden. Zu dieser Zeit entstand auch speziell für Seelsorgerinnen und Seelsorger im Altenheimbereich eine landeskirchliche „Arbeitsgemeinschaft für Altenheimseelsorge". Zugleich wurde die Qualifizierung von ehrenamtlich Tätigen intensiviert sowie die Seelsorge durch Pflegekräfte und an Pflegekräften vorangetrieben. Heute ist die Arbeit angesiedelt an der Landesgeschäftstelle der Evangelischen Erwachsenenbildung (EEB) Niedersachsen in Hannover. Die EEB engagiert sich zur Zeit besonders im Bereich der Arbeit mit pflegenden Angehörigen, die demente alte Menschen zu versorgen haben.

Im Jahre 1989 erschien im Selbstverlag ein erster Erfahrungsbericht unter dem Titel: „Seelsorgerliches Handeln an altersverwirrten Menschen – Eine Hilfe für die Arbeit im Einzelgespräch, im Gottesdienst und in der Gruppe". Im Jahre 1993 nahm das Lutherische Verlagshaus eine erweiterte Publikation in ihr Programm auf: „Altersverwirrte Menschen seelsorgerlich begleiten. Hintergründe – Zugänge – Begegnungsebenen", ergänzt durch einen zweiten Band „Eine Vermittlungshilfe für Aus- und Fortbildende verschiedener Bereiche". 1997 ging die Publikation in eine zweite unveränderte Auflage.

Hier liegt nun eine Neubearbeitung des 1. Bandes vor. Die weiterhin rege Nachfrage nach diesem Buch, neue Erfahrungen sowie neue Erkenntnisse im Bereich der verschiedenen Disziplinen der Gerontologie, die Seelsorge erkenntnisleitend stets mit zu bedenken hat, machten eine Neubearbeitung erforderlich. Es werden neue Zugangsmittel und -wege aufgezeigt. Seelsorgerliches Handeln wird jetzt verstärkt unter dem Gesichtspunkt unterschiedlicher Stadienbefindlichkeiten reflektiert. Neu ist auch das Problem der Sterbebegleitung von dementen Menschen.

Für das, was ich hier vorlegen kann, habe ich Dank zu sagen. Mein besonderer Dank gilt dem Internisten, Psychotherapeuten und Sozialmediziner Prof. Dr. med. Erich Grond. Er war mir in all den Jahren stets ein anregender und korrigierender, an Seelsorge sehr interessierter Gesprächspartner, dem ich viele Erkenntnisse zu verdanken habe. Zudem wirkte und wirkt er an zahlreichen Fortbildungsveranstaltungen mit. Weiterhin habe ich dem Landeskirchenamt der Ev.-luth. Landeskirche Hannovers für die Förderung der Arbeit zu danken. Mein besonderer Dank gilt hier dem Diakoniedezernenten Oberlandeskirchenrat Rannenberg, der diese Arbeit einmal in Gang brachte sowie seinem Nachfolger Herrn Oberlandeskirchenrat Steffen, der mit gleichem Elan die Förderung fortsetzte. Ich bin zuversichtlich, dass das Landeskirchenamt auch in Zukunft trotz finanzieller Enge diese Arbeit tragen wird. Zu danken habe ich der Evangelischen Erwachsenenbildung, die die Fachstelle bei sich aufnahm und die Arbeit für demente Menschen und ihrer Bezugspersonen in ihrem Bildungsbemühungen verortete. Dank zu sagen ist dem Lutherischen Verlagshaus, insbesondere der Programmleiterin Corina Kruse-Roth, für die Bereitschaft, diese Publikation in das Verlagsprogramm aufzunehmen sowie der Lektorin Andrea Röcher. Schließlich lebt diese Veröffentlichung von zahlreichen Gesprächen mit Kollegen und Kolleginnen, mit Mitarbeitenden des Pflegebereichs, mit Ehrenamtlichen und pflegenden Angehörigen, nicht zuletzt von den Begegnungen mit den betroffenen Menschen selbst.

Ich wünsche mir, dass diese Arbeit nicht nur professionellen Seelsorgerinnen und Seelsorgern eine Hilfe ist, sondern auch den ehrenamtlich Tätigen, den Angehörigen sowie den Pflegekräften, die im Sinne einer ganzheitlichen Pflege auch seelsorgerisch tätig sein möchten. Im Übrigen ist nicht nur an die Arbeit im Heimbereich gedacht, sondern auch an die Arbeit in den Gemeinden. Die meisten Demenzkranken werden zuhause von pflegenden Angehörigen gepflegt und begleitet.


Klaus Depping                                             Hannover 2008

# A. Grundlagen

## I. Krankheitsbilder

Wer verwirrte oder demente Menschen seelsorglich begleiten will, sollte Kenntnis davon haben, welche Krankheiten im Hintergrund stehen und wie sie sich darstellen. Dieses ist erforderlich, um die Kranken verstehen zu können und zu angemessenen Verhaltensweisen zu kommen. Dieses ist aber auch unerlässlich, um mit anderen in diesem Kontext tätigen Berufsgruppen qualifiziert ins Gespräch zu kommen und mit ihnen kooperativ zusammen zu arbeiten. Auch eine hilfreiche Begleitung von Angehörigen setzt entsprechendes Wissen voraus.

### 1. Die Demenz

Sprachlich interpretiert stammt das Wort „Demenz" aus dem Lateinischen. Mens bedeutet Geist und die Vorsilbe „de" bringt zum Ausdruck, dass der Geist nach und nach zurückgenommen wird.

Die Demenz-Symptome werden heute eingeteilt in:
1) kognitive Störungen des Gedächtnisses (findet die passenden Worte nicht), der Urteils- und Kritikfähigkeit sowie der Aufmerksamkeit. „Der Kranke kann zunehmend weniger logisch denken, kombinieren, Begriffe bilden und Sinn-Zusammenhänge erfassen. Abstraktes Denken wird ihm unmöglich, konkret anschauliches Handeln tritt in den Vordergrund" (Grond 2003, S. 15).
2) Affekt- und Verhaltensstörungen wie Depressivität, Unruhe, Aggressivität, Schreien, Halluzinationen oder völlige Antriebslosigkeit im Endstadium (Grond 2005, S. 25 f.).

Demenz ist aber nicht gleich Demenz. Es gibt verschiedene Demenzformen. Die häufigsten sollen im Folgenden beschrieben werden. Dabei orientieren wir uns an der Klassifikation der Weltgesundheitsorganisation (WHO) in der aktuellen Version (ICD 10), nach der die Ärzte ihre Diagnosen ausrichten müssen (Dilling u.a. 2006).

#### a) Demenz bei Alzheimer-Krankheit
Die Demenz bei Alzheimer-Krankheit (F00) ist nach dem Arzt Alois Alzheimer benannt. In der wissenschaftlichen Literatur wird auch von

der Demenz vom Alzheimer Typ, gelegentlich auch vom Morbus Alzheimer gesprochen. Sie beginnt gewöhnlich im höheren Alter, ist also eine late-onset-Demenz. Gelegentlich beginnt sie bereits vor dem 65. Lebensjahr. Man spricht dann von einer early-onset-Demenz. Bei dieser Krankheit handelt es sich um eine hirnorganische Erkrankung, die schleichend beginnt und unaufhaltsam fortschreitet mit einer Verlaufszeit von 6 bis 8 Jahren. Tritt die Demenz als Frühform auf, so zeigt sie einen schnelleren Verlauf.

Hirnorganisch betrachtet kommt es vor allem zu Veränderungen im Hirngewebe wie Atrophie (Substanzschwund), Veränderungen der Fibrillen (Verklumpungen von Fäserchen in den Nervenzellen), Schwund der Dendriten (Botschaften empfangende Fortsätze der Nervenzelle), Bildung von Plaques (extrazelluläre Amyloidablagerungen, abnormes Protein) sowie zur granulovakuolären Degeneration (Hohlräume im Zellinneren mit körnigem Material). Diese Veränderungen sind am stärksten im Bereich der Stirn und der Schläfen feststellbar (Weis / Weber 1997, S. 163 ff.). Neurochemisch gesehen ist u.a. die Glukosenutzung vermindert, Sauerstoffverbrauch und Durchblutung der Gehirngefäße sind gestört sowie der Fluss der Überträgerstoffe an den Synapsen (Weis / Weber 1997, S. 411 ff.). Solche Veränderungen sind auch charakteristisch für das normale Altern. Sie übersteigen hier aber bei weitem das normale Maß und führen zu außergewöhnlichen psychischen Erscheinungsbildern. Untersuchungen zur Häufigkeit der Demenz ergeben, dass ca. 60% der dementen Menschen an diesem Demenztyp leiden. Frauen leiden an dieser Demenz häufiger als Männer (Grond 2003, S. 95 ff.). Über die Ursache dieser Krankheit gibt es zahlreiche Hypothesen. Letztlich ist die Ursache aber noch unbekannt, weshalb es auch noch keine Heilungsmöglichkeiten gibt. „Beim gegenwärtigen Stand der Forschung kann man nicht die Hoffnung begründen, dass schon in den nächsten Jahren eine ursächlich wirksame Behandlung der AD zur Verfügung stehen wird" (Förstl 2004, S. 21lf.). Allerdings gibt es Linderungsmöglichkeiten einzelner Symptome.

*b) Vaskuläre Demenz*

Der Name der vaskulären Demenz (F01) geht auf das lateinische Wort vasculum (= kleines Gefäß) zurück. Früher nannte man die Krankheit Hirnarteriosklerose; der Volksmund spricht von Verkalkung.

Etwa 20% der Demenzkranken leiden unter diesem Demenztyp, Männer häufiger als Frauen. Bei etwa 15% ist die vaskuläre Demenz vermischt mit der Alzheimer-Demenz. Während bei der Alzheimer-Krankheit das Hirngewebe primär geschädigt ist, kommt es bei der vaskulären Demenz infolge von Gefäßablagerungen zu Gefäßverschlüssen. An vielen (multi) Stellen des Gehirns entstehen kleine Hirninfarkte (Multi-Infarkt-Demenz). Für die Entwicklung einer Demenz ist weniger die Anzahl der Infarkte von Bedeutung als ihre Verteilung. Während die Alzheimer-Krankheit allmählich fortschreitet, kann die vaskuläre Demenz plötzlich auftreten und verläuft wechsel-, stufen- oder schrittweise.

Die häufigste Form der vaskulären Demenz ist die *Binswanger-Krankheit* mit flächiger Entmarkung der tieferen Hirnschichten (der weißen Substanz): Es kommt früh zu kleinschrittigem, schlürfendem Gang mit Sturzgefahr und Dranginkontinenz. Affektlabilität mit unkontrolliertem Lachen oder Weinen mit Neigung zu Depression, Verlangsamung und Intereressenverlust stehen im Vordergrund.

Bei der etwas selteneren *Multi-Infarkt-Demenz* der Hirnrinde überwiegen Lähmungen, Sprach- und Schluckstörungen, besonders nach Schlaganfällen. Im späteren Stadium schreiten nächtliche Verwirrtheitszustände zu dauernder Desorientierung fort und Halluzinationen sind möglich (Grond 2003, S. 101 f.; 2005, S. 31 f.).

*c) Demenz bei sonstigen Krankheiten*
Die beiden genannten Demenztypen sind die häufigsten. Seltener ist die Demenz bei sonstigen Krankheiten (F02), die in folgenden Formen auftreten kann (Grond 2003, S. 95 ff.; 2005, S. 32 f.):

Die *Lewy-Körper-Demenz* bei 15 – 30% aller Dementen entwickelt sich zunächst wie eine Alzheimer-Krankheit. Sobald die Kranken wegen Verhaltensstörungen mit Neuroleptika behandelt werden, reagieren sie sofort mit Parkinson-Symptomen, mit Sturzneigung. Außerdem haben sie früh Aufmerksamkeitsstörungen, Inkontinenz, Unruhe und Halluzinationen.

Bei über 80-jährigen Parkinsonkranken kann erst nach Jahren eine Demenz auftreten. Bei der seltenen und erblichen *Chorea Huntington*, die zwischen 30 und 50 Jahren mit Bewegungsunruhe der Arme und Beine beginnt, wird der Kranke oft aggressiv, im Spätstadium apathisch, hilflos und dement.

Die *fronto-temporale Demenz*, die in einer Form als Picksche Krankheit bezeichnet wird, beginnt zwischen 40 und 60 Jahren und findet sich bei 10% aller Dementen. Die Schrumpfung von Stirn- und Schläfenlappen führt zuerst nicht zu Gedächtnis-, sondern zu Verhaltensstörungen: Die Kranken werden takt- und rücksichtslos, aggressiv, ruhelos oder enthemmt und süchtig; sie vernachlässigen die Hygiene ohne jede Krankheitseinsicht.

Die genannten Formen der Demenz bezeichnet man auch als primäre Demenzen. Primär heißt, dass die Krankheit im Gehirn ihren Ursprung hat. Demgegenüber sind sekundäre Demenzen solche, die in anderen Körperbereichen ihren Ursprung haben und sich nachfolgend auf das Gehirn auswirken. Zu einer sekundären Demenz kann es kommen bei: Stoffwechselstörungen, Alkoholismus, Vitamin-B12- Mangel, Multipler Sklerose, Normaldruckhydrocephalus, bei schwerem Schädel-Hirn-Trauma, beim Schlaf-Apnoe-Syndrom, bei AIDS, bei progressiver Paralyse und bei der Creuzfeldt-Jakob-Krankheit (Grond 2005, S. 33)

## 2. Akute Verwirrtheitszustände

Nicht jeder alte Mensch, der verwirrt (desorientiert) ist, leidet unter einer Demenz, unter einer hirnorganischen Erkrankung. Verwirrtheitszustände können auch als Delir erscheinen, akut auftreten, sich plötzlich einstellen und von begrenzter Dauer sein, wenn sie entsprechend behandelt werden. Geschieht dies nicht, so kann der akute Verwirrtheitszustand in eine chronische Verwirrtheit übergehen. Solche akuten Verwirrtheitszustände können verschiedene Ursachen haben.

*a) Körperliche Gründe*

Erich Grond (2003, S. 56 ff.) nennt folgende körperliche Ursachen: Akute Verwirrtheit kann sich einstellen, wenn der Hirnstoffwechsel beeinträchtigt ist (Störungen des Wasser- und Salzhaushaltes, Störungen des Säure-Basen-Gleichgewichts, Nieren-oder Leberversagen, Fehlernährung). Eine weitere Ursache kann Sauerstoffmangel des Gehirns sein (Hirndurchblutungsstörungen, Herz-Kreislauferkrankungen, Störung der Atmung, Blutarmut). Hormonelle Störungen können die Ursache sein (Über- und Unterzuckerung, Über- und Unterfunktion der Schilddrüse). Vergiftung (Alkohol, Medikamente) kann akute Verwirrtheit hervorrufen. Des weiteren sind physiologische Regulationsstörungen (des Blutdrucks, der Wärmeregulierung, der Entleerung, der Koordination, Schmerzen) zu nennen, schließlich Wahrnehmungsstörungen (Sehbehinderung, Schwerhörigkeit, Berührungsstörung).

*b) Psychische Gründe*

Akute Verwirrtheit kann aber auch durch psychische Faktoren bedingt sein. Zu nennen sind vor allem panische Angst, Beschämung und zahlreiche Verluste von Menschen, von Gruppenzugehörigkeiten, von Gesundheit, von Besitz, von Aufgaben, von Rollen, von Status. Derartige Erlebnisse können den Menschen in eine tiefe Depression stürzen. Ob es dazu kommt, ist abhängig von mehreren Faktoren. Entscheidend ist zum Beispiel, wie die Verluste subjektiv bewertet werden. Nicht alles, was objektiv als schwerwiegend angesehen wird, wird subjektiv auch so erlebt. Entscheidend sind weiterhin die Häufung der Verlusterlebnisse und die Schnelligkeit, mit der sie aufeinander folgen (Grond 2003, S. 143 ff.). Abhängig ist die Entstehung und Entwicklung von Depression auch von der Religiosität des Menschen. In einer religionspsychologischen Untersuchung stellt Günter Hole (1977) fest, dass bei Menschen, die keine Beziehung zum Gottesdienst haben, Suizidversuche häufiger sind. Auch Anette Dörr (1987) stellt fest, dass die Depressionswerte bei religiösen Menschen niedriger liegen. Allerdings hat sie auch herausgefunden, dass die Art der Religiosität eine große Rolle spielt. Wer zum Beispiel Gott als einen strengen, strafenden Gott sieht, ist depressionsgefährdeter als der, der an einen erlösenden und gütigen Gott glaubt. Wer mit dem Wirken Gottes in seinem persönlichen Leben rechnet, ist weniger gefährdet als der, der ganz allgemein an das Wirken Gottes in der Welt glaubt. Letztlich entscheidet die Art und das Ausmaß der zur Verfügung stehenden Bewältigungsstrategien einschließlich der religiösen Copingstrategien darüber, ob sich eine Depression ausbildet und wie tief sie greift. Sind die Ressourcen erschöpft, so stellt sich eine Depression ein. Auf eine solche Depression kann Verwirrtheit folgen, die durchaus chronisch werden kann. Das Erscheinungsbild von Menschen, die sich in einer tiefen Depression befinden, ähnelt oft dem von Menschen mit hirnorganischen Veränderungen, von Dementen. Es liegt aber keine echte Demenz vor. Man spricht vom Demenzsyndrom der Depression oder von der depressiven Vergesslichkeit. Früher sprach man von der Pseudodemenz: Es ist keine Demenz; es sieht nur so aus. Der aufmerksame Beobachter kann Demenz und Depression unterscheiden. Der depressive Mensch klagt seine Schwierigkeiten heraus; der demente Mensch verleugnet sie (Depping 2002, S. 34).

Die wesentlichen Krankheitsphänomene, auf die man bei altersverwirrten Menschen stößt und die für den Umgang mit ihnen von Bedeutung sind, seien hier noch einmal zusammengefasst:
– Beeinträchtigung der zeitlichen, räumlichen, situativen und persönlichen Orientierung
– starke Reduzierung der Merkfähigkeit, des Kurzzeitgedächtnisses
– aber länger anhaltende Funktionsfähigkeit des Altgedächtnisses, Beeinträchtigung von Aufmerksamkeit und Konzentration, Erkenntnis, Verstehens- und Sprachstörungen

- Affekt- und Verhaltensstörungen: depressiv, unruhig, aggressiv, schreit, läuft weg, regressiv, apathisch, halluziniert, entwickelt Wahnvorstellungen
- Was bleibt: Bedürfnisse und non-verbale Kommunikationsfähigkeit.

Seelsorgerinnen und Seelsorger dürfen durchaus einmal nachfragen, ob das Krankheitsbild fachgerecht diagnostisch abgeklärt wurde. Oftmals wird darauf verzichtet, weil man ja bei so einem alten Menschen doch nichts mehr machen kann. Oftmals wird darauf verzichtet, einen Facharzt heranzuziehen. Fachkundige Behandlung ist schon deshalb wichtig, weil einige Demenzen aus dem sekundären Bereich potenziell heilbar sind. Man geht von 15,2% potenziell reversibler Demenzen aus (Beyreuther 2002, S. 416). Zumindest weiß der Facharzt, wie belastende Begleiterscheinungen, zum Beispiel Ängste, wenigstens gemildert werden können.

## II. Wahrnehmung des Krankheitsstadiums

Wie schon hier und da angedeutet, handelt es sich bei der Demenz um ein prozessuales Geschehen. Die Demenz durchläuft verschiedene Stadien, in denen sich die Symptomatik verändert. Altersverwirrte Menschen verstehen, heißt unter anderem, sie auf ihrem krankheitsbedingten Entwicklungsstand wahrnehmen und stadienangemessen zu begleiten. In der Gerontopsychiatrie wurden verschiedene Stadienmodelle entwickelt. Barry Reisberg (1986, S. 30 ff.) unterscheidet im Verlauf der Alzheimer-Krankheit sieben Klassen, teilweise mit Unterphasen. Innerhalb dieser Klassen fällt die kognitive und körperliche Leistungsfähigkeit des Menschen vom Erwachsenenstatus bis zum Säuglingsstatus ab. Es kommt unter anderem zur Abnahme der Alltagsfähigkeiten und des Sprach- und Denkvermögens. Erich Grond (2005, S. 46 f.) unterscheidet das Vergessensstadium, das Verwirrtheitsstadium und das Hilflosigkeitsstadium. Das Vergessensstadium entspricht noch dem eines Erwachsenen, das Verwirrtheitsstadium dem eines Schulkindes und das Hilflosigkeitsstadium dem eines Kleinkindes bis zu dem eines Säuglings. Hans Gutzmann (1988, S. 19, 37) beschreibt den Verlauf der Gedächtnisleistungen. Zuerst kommt es zu einer Beeinträchtigung der Merkfähigkeit, sodann zur Beeinträchtigung des Neugedächtnisses. Am längsten erhalten bleibt das Altgedächtnis, das Kenntnisse und Erlebnisse aus frühen Lebensabschnitten speichert. Es lässt sich unterscheiden zwischen dem zeitgeschichtlichen und dem persönlichen Altgedächtnis, wobei aus dem letzteren in der Regel länger reproduziert werden kann. Solche Stadienmodelle wurden entwickelt, um Pflegende zu einer daseinsangemessenen Pflege und Begleitung anzuleiten. Sie können auch für den seelsorgerlichen Umgang hilfreich sein. Im Folgenden betrachten wir etwas genauer vier Entwicklungsbereiche, die für den seelsorglichen Umgang besonders relevant sind: die Sprache, das Denken, die Emotionalität und die Religiosität.

## 1. Stufen der Sprachentwicklung

Hanns Martin Trautner (1991, S. 238, 311) beschreibt den stufenweisen Aufbau der sprachlichen Funktionen. Er gibt folgende Abfolge an:

- Vorsprachlich: Schreie – Laute äußern – Lallen
- Einwortäußerungen, die bereits den Wert eines Satzes haben: Ein-Wort-Sätze
- Zweiwortäußerungen, bestehend aus Inhaltswörtern: Nomen, Verben, Adjektive
- Dreiwort- und Mehrwortäußerungen, jetzt auch mit Funktionswörtern: Artikel, Konjunktionen, Präpositionen, Pronomen
- Satzgefüge aus Haupt- und Nebensätzen

Dieser Entwicklungsablauf ist mit circa fünf Jahren abgeschlossen. In der weiteren Entwicklung kommt es dann nicht zu neuen Fähigkeiten, sondern zu einer Verbesserung der bis dahin erworbenen. Im Zuge der Demenzentwicklung kommt es nun zu einem Abbau der sprachlichen Entwicklungsstufen. Dieser Abbau findet in der Regel noch nicht in der ersten Zeit der Krankheit statt. Alfred Fuhrmann (1990) beobachtete an seiner Frau, dass sie noch im zweiten Stadium der Alzheimer Krankheit sinnvolle Sätze sprechen konnte (S. 67). Erst im dritten Stadium waren nur noch zwei Worte da, dann Laute und schließlich Schreie (S. 89 ff.).

## 2. Entwicklungsstufen des Denkens

Der Schweizer Entwicklungspsychologe Jean Piaget hat sich besonders mit der Entwicklung der Denkoperationen beschäftigt. Sein Entwicklungsmodell sei stark vereinfacht dargestellt (nach Hanns Martin Trautner 1991, S. 175 ff.).

- Der Mensch reagiert auf das, was unmittelbar wahrnehmbar, sichtbar und greifbar ist (0 – 2 Jahre).
- Das Denken des Menschen kreist um das, was er konkret, bildhaft, anschaulich vor Augen hat, und an das erinnerte Konkrete, Bildhafte, Anschauliche (2 – 7 Jahre).

– Das Denken kreist weiterhin um das Konkrete, richtet sich jetzt aber auf mehrere Aspekte eines Sachverhalts, kann Veränderungen erfassen und Abläufe zurückverfolgen (7 – 11 Jahre).
– Der Mensch kann formale Operationen vollziehen. Er kann abstrakt denken, sich vom Anschaulichen lösen. Er kann verschiedene Möglichkeiten erwägen, kann schlussfolgern, logische Verknüpfungen herstellen, kann kombinieren, kausale Zusammenhänge herstellen (ab 12 Jahre).

DeAjuriaguerra (nach Heinz Gutzmann 1988, S. 30 ff.) hat aufgezeigt, dass der funktionale Abbau bei Dementen sich spiegelbildlich zum kindlichen Funktionserwerb verhält. Die einzelnen Entwicklungsstufen in den verschiedenen Funktionsbereichen werden geradezu gesetzmäßig zurückgenommen. Hans Förstl (2003, S. 81) spricht von der „neurokognitiven Retrogenesis". Bedingt durch die Veränderungen im Gehirn kommt es zu einer nahezu systematischen Rückentwicklung des Denkvermögens. Der Abbau der letzten Entwicklungsstufe setzt im Zuge der Demenzentwicklung sehr früh ein. Schon sehr bald kann der Kranke komplexe Aufgaben nicht mehr lösen, verliert das Abstraktions- und Urteilsvermögen. Kommunikation mit dementen Menschen wird sich daher im Konkreten bewegen, wird sich um bildhafte Sprache bemühen. Am Ende wird der unmittelbare Kontakt in Gestalt von körperlichem Personenkontakt von Bedeutung.


### 3. Entwicklungsstufen der Emotionalität

A. Kurz (2002, S. 168ff.) stellt die Entwicklung der Emotionalität bei der Alzheimerkrankheit dar.

– Im frühen Demenzstadium stehen depressive Verstimmungen im Vordergrund, die mit Gefühlen von Angst und Resignation einhergehen. Da der Mensch hier noch eine Krankheitseinsicht hat, leidet er im Bewusstsein seines Schicksals, unter der Zunahme seiner Defizite und unter der Vergeblichkeit seiner Bewältigungsversuche. Depression tritt hier weniger in Gestalt einer depressiven Episode auf, sondern vielmehr als reaktive Depression. Der Mensch ist suizidgefährdet.
– Typisch für das mittlere Stadium ist eine ziellose Unruhe. Es kommt häufig zu aggressiven Verhaltensweisen, die als Überforderungsreaktionen zu deuten sind. Werden Fehlleistungen als solche erkannt, reagiert der Mensch mit Bestürzung und Verzweiflung. Es treten häufig wahnhafte Phänomene auf. Typisch sind Bestehlungswahn, die Vorstellung, dass fremde Menschen im Haus sind oder Eifersuchtswahn. Es kommt zu illusionären

Verkennungen. Angehörige werden nicht erkannt, für fremde Menschen gehalten (Capgras-Syndrom). Darstellungen im Fernsehen werden für reale Vorgänge gehalten.

– Im späten Demenzstadium kommt es zu einer Störung des Tag-Nacht-Rhythmus. Eine starke Unruhe steht im Vordergrund, die oftmals ihre Ursache in Schmerzen hat, die der Mensch jedoch nicht mehr artikulieren kann. Aber „die gemütsmäßige Ansprechbarkeit und Ausdrucksfähigkeit sowie die Grundmerkmale der Persönlichkeit bleiben auch bei einer fortgeschrittenen Demenz verhältnismäßig gut erhalten" (S. 171).

Neben sprachlichen Äußerungen von Emotionalität kommen die Gefühle im paraverbalen Verhalten wie Stimmqualität, Sprechmelodie, Tonfall, Sprachtempo, Lautstärke, Pausen zum Ausdruck oder werden besonders am Ende deutlich durch präverbales Verhalten in Gestalt von Lauten oder Schreien. Daneben signalisiert der Mensch durch nonverbales Verhalten seinen Gefühlszustand besonders durch Mimik, Gestik, Annäherungs- oder Distanzverhalten.

Ursache für die Art und Intensität von Emotionen sind im besonderen Maße fortschreitende hirnorganische Veränderungen. Diese haben unter anderem Einfluss auf das Kontrollverhalten. Der altersverwirrte Mensch ist nicht mehr in der Lage, seine Gefühle zu kontrollieren; er ist ihnen ausgeliefert (Affektinkontinenz). Es ist mit einem schnellen Wechsel der Gefühlsäußerungen zu rechnen (Affektlabilität). Ohne äußeren Grund kann es zu Explosivreaktionen kommen (Six 1988, S. 68). Oft sind die Gefühle recht flach und ohne Tiefgang. Sie können durch gezieltes Ablenken schnell verändert werden (Poeck 2006, S. 553) Die Grundstimmung ist euphorisch oder dysphorisch (Gutzmann 1988, S. 20).

Es wäre nun aber bei weitem zu kurz gegriffen, würde man das emotionale Befinden allein in internen Faktoren begründet sehen. Erheblichen Einfluss haben auch externe Faktoren, Faktoren der Umwelt. So kann ein Aggressionsausbruch auch darin seine Ursache haben, dass der Kranke in seinen Verstehensmöglichkeiten überfordert wird, dass die vorhandenen geistigen Fähigkeiten nicht bedacht wurden (Wettstein 1991, S. 151). Das Auftreten einer Depression oder zumindest ihr Ausmaß ist ganz gewiss auch bei einem hirnorganisch erkrankten Menschen davon abhängig, inwieweit er die Erfahrung von Unterstützung und des Angenommenseins macht. Hier spielt es dann auch eine große Rolle, ob religiöse Bedürfnisse erkannt werden und ihnen nachgegangen wird.

## 4. Stufen des Glaubens

In enger Anlehnung an Piaget und andere Entwicklungspsychologen hat der Theologe James W. Fowler (1982, S. 444 ff.; 1989, S. 76 ff.) auch „Entwicklungsstufen des Glaubens" erforscht und beschrieben. Von den sieben Stufen werden die ersten vier, die Kindheit betreffenden, zusammenfassend dargestellt:

- der undifferenzierte vorsprachliche Glaube: Wahrnehmung von wertvoll, geborgen sein, umhegt werden in Gegenwart von Bezugspersonen, die zu „Vor-Bildern" einer mächtigen und vertrauenswürdigen letzten Instanz werden (0-2 Jahre).
- Empfänglichkeit für Gesten, Rituale und Wörter, die Erwachsene in ihrer Glaubenssprache benutzen. Die Ausrichtung auf das Göttliche wird durch die Wahrnehmung der Glaubensüberzeugungen der Erwachsenen geformt. Ihre Geschichten werden als Tatsachen genommen (2 – 6 Jahre).
- Fähigkeit, Glaubensvorstellungen in Frage zu stellen. Die Geschichten werden an den eigenen Wahrnehmungen getestet (7 - 12 Jahre).
- Möglichkeit der Reflexion, des abstrakten Denkens, des Umgangs mit Begriffen, Erfahrungen anderer werden mit einbezogen. Es kommt zu einer Synthese des Glaubens (ab 12 Jahre).

Was leistet dieses Modell? Es erfasst sicherlich bei weitem nicht alles, was den Glauben eines Menschen ausmacht. Es geht weniger um Inhalte des Glaubens, vielmehr um zur Verfügung stehende Denkoperationen, mit denen der Mensch sich mit der Wirklichkeit Gottes auseinandersetzt. Für unseren Zusammenhang ist wichtig, dass der demente alte Mensch theologische Inhalte sehr bald nicht mehr reflexiv, argumentativ durchdringen kann. Sehr bald sind andere Operationen erforderlich, Operationen des konkreten Denkens wie sie zum Beispiel in der erzählerischen Vergegenwärtigung des Handelns Gottes an den Menschen zur Anwendung kommen. Schreitet die Demenz weiter fort, so gelangt der Mensch auf die erste Stufe der Glaubensentwicklung. Der „erste Glaube" drückt sich jetzt nicht mehr aus in Gestalt von über Geschichten vermittelte Vorstellungen (belief), sondern in Gestalt von Beziehungserfahrungen, die in der Begegnung mit Bezugspersonen erlebt werden und Vertrauen zur Welt aufbauen (faith). Dieser Vertrauensglaube bekommt vor allem Nahrung durch non-verbales Verhalten wie etwa Körperkontakt oder paraverbales Verhalten, das heißt nicht über die Inhalte der Sprache, sondern durch die Melodie der Sprache.

Die dargestellten Entwicklungsverläufe sind zu verstehen als tendenzielle Richtungsangaben. Wie in der Aufwärtsentwicklung kann es auch in der Abwärtsentwicklung im Individualfall Entwicklungsverzögerungen oder Entwicklungsbeschleunigungen geben. Auch beziehen sie sich vor allem auf die sogenannten degenerativen Demenzen wie vor allem auf die Alzheimerkrankheit. Eine Multi-Infarkt-Demenz etwa verläuft weniger regelhaft. Das Erscheinungsbild ist hier abhängig von den hirnorganischen Örtlichkeiten, an denen die Infarkte passieren.

## III. Wahrnehmen im biografisch-historischen Kontext

Yasushi Inoue schreibt in ihrem Buch „Meine Mutter" (1990, S. 136): „Nach unserer Meinung löschte Mutter gewissermaßen mit einem Radiergummi die lange Linie ihres achtziger Lebens allmählich aus und kehrte zu ihren zehner Jahren oder zu dem Anfang ihrer zwanziger Jahre zurück." Margaret Forster berichtet in ihrem Roman „Ich glaube, ich fahre in die Highlands" (1992, S. 45): „Grandma kann sich nicht erinnern, was sie vor einer Stunde zu Mittag gegessen hat, aber sie erinnert sich bis ins letzte Detail an das, was sie in den zwanziger Jahren während ihrer Zugfahrten in die Highlands gegessen hat. Und das macht sie glücklich." Immer wieder werden wir zurückgeführt in längst vergangene Zeiten. Wir werden konfrontiert mit dem Bäcker, der bereits 1923 sein Geschäft aufgegeben hat, mit dem Arzt, der bis 1922 praktiziert hat. Als Pastor wurde ich häufig nach dem Befinden des Pfarrers gefragt, der meinen Gesprächspartner in den zwanziger oder dreißiger Jahren konfirmiert hat. Je weiter der Krankheitsverlauf fortschreitet, um so mehr ist das Gesagte für den altersverwirrten Menschen nicht Rückblick, sondern immer noch gegenwärtige Realität. Ihn zu verstehen und gesprächsfähig zu werden, erfordert, sich einen Einblick zu verschaffen in seine für uns historische, für ihn gegenwärtige Welt. Es kommt darauf an, sich einen Einblick zu verschaffen in die allgemeine Geschichte, die allen im Wesentlichen gemein ist, und in die ganz persönliche Geschichte, die in die allgemeine Geschichte eingebettet ist.

### 1. Der zeitgeschichtliche Hintergrund

Es würde natürlich den Rahmen sprengen, hier die Darstellung einer vollständigen Geschichte der ersten Jahrzehnte des vorigen Jahrhunderts zu versuchen. Eine kleine Einführung in ausgewählte relevante Geschichtsbereiche sei hier gegeben. Leserinnen und Leser sind aufgefordert, in ihren Gesprächen mit altersverwirrten Menschen darauf zu achten, wo diese Geschichte aufleuchtet. Wir verschaffen uns einen Überblick über die Geschichte der Weimarer Zeit und der NS-Zeit. Diese beiden Phasen sind es vorrangig, die das Altgedächtnis der jetzt Hochbetagten bewegen.

## Weimarer Zeit

Infolge des verlorenen Ersten Weltkrieges, in dem 2,7 Millionen Deutsche ums Leben kamen, wurde Deutschland 1918 eine Republik, die Weimarer Republik, die 1933 durch die NS-Herrschaft abgelöst wurde. Zahlreiche Gebiete mussten abgetreten werden. Nordschleswig ging an Dänemark, Elsaß-Lothringen, Eupen und Malmedy an Frankreich, Moresnet an Belgien. An Polen gingen Posen, Westpreußen und Ostoberschlesien, das Hultschiner Ländchen an die Tschechoslowakei und das Memelland 1923 an Litauen. Sämtliche Kolonien gingen verloren. Es entstand das Saarland, das für 15 Jahre unter eine Völkerbundregierung gestellt wurde. 1920 entstand aus den Ländern Sachsen-Weimar, Sachsen-Gotha, Sachsen-Altenburg, Sachsen-Meiningen, Schwarzenburg-Sondershausen, Schwarzenburg-Rudolstadt, Reuß jüngere und ältere Linie der Freistaat Thüringen. An der Spitze der Weimarer Republik, die 1933 rund 66 Millionen Einwohner hatte, stand der Reichspräsident, bis 1925 Friedrich Ebert, nach seinem Tod Paul von Hindenburg. Bis zur Übernahme der Macht durch Adolf Hitler gab es 20 Regierungen, die von 12 Reichskanzlern geführt wurden. Insgesamt traten etwa 20 Parteien auf.

Im Jahre 1925 waren 50,1 % der Berufstätigen als Arbeiter tätig, 12,4 % als Angestellte, 4,7 % als Beamte, 17 % als mithelfende Familienangehörige; 15,9 % waren selbständig. Von 100 Personen arbeiteten 35 in der Landwirtschaft, 40 im produzierenden Gewerbe, 25 im Dienstleistungsbereich. 1930 bekam man 8 Tage Urlaub im Jahr (Jaide 1988, S. 132, 224 ff.). Die Arbeitszeit betrug in der Industrie im Jahr 1924 durchschnittlich 50,4 Stunden pro Woche (Wiegand 1982, S. 52). Zwei wirtschaftliche Krisen belasteten diese Zeit. Die erste war die Inflation, auf die 1923 mit der Währungsreform reagiert wurde. Weite Kreise der Bevölkerung verloren sämtliche Ersparnisse. Die zweite Krise war die Weltwirtschaftskrise, die sich ab 1929 auch auf Deutschland auswirkte und bis zu 6 Millionen Arbeitslose zur Folge hatte.

Im Durchschnitt wurden 1926 die Frauen 58,82, die Männer 55,97 Jahre alt. Von hundert Kindern starben 10,16 im ersten Lebensjahr. Die Müttersterblichkeit lag bei 0,82 % aller Sterbefälle. Im Jahre 1925 kamen durchschnittlich 77,5 Krankenhausbetten auf 10 000 Einwohner, 6,9 Ärzte, 3,7 Zahnärzte, 1,7 Apotheker und 14,1

Krankenschwestern kamen 1927 auf diese Einwohnerzahl (Wiegand 1982, S. 395 ff.)

Im Deutschen Reich besuchten 1927 pro 1.000 Einwohner 110 Schüler die Volksschule, 4 die Mittelschule, 13 eine höhere Schule und durchschnittlich 1,5 eine Universität (Jaide 1988, S. 161).

Reichsweit wurde 1920 die Grundschule eingeführt, neu war hier die Einführung des Gesamtunterrichts und die Ausweitung der Heimatkunde. Für die oberen vier Jahrgänge der Volksschule gab es nur länderinterne Regelungen. In Preußen und in anderen Ländern wurden die Staatsbürgerkunde, der Werkunterricht für die Jungen und der Hauswirtschaftunterricht für Mädchen eingeführt (Scheibe 1965, S. 58 ff.).

Die Kirche hatte ab 1918 nicht mehr die Aufsicht über die Volksschule. Die Weimarer Verfassung gab die Möglichkeit der Einführung von weltlichen Schulen, Simultanschulen für beide Konfessionen und Bekenntnisschulen. Die ersten beiden Formen setzten sich kaum durch. Die Regelschule im Reich war die Bekenntnisschule, in der, sich steigernd von 3 halben Stunden bis zu 4 Stunden, Religion gegeben wurde. Einige Kirchenverwaltungen gaben Lehrpläne heraus, so die Ev.-luth. Landeskirche Hannovers. Als Maximalstoffplan für die acht Jahre waren vorgesehen (Religionsunterrichtsbeirat 1928, S. 1 ff.): 151 biblische Geschichten, 98 Sprüche, 48 Lieder, die Gebote, das Vaterunser und Gebete. Behandelt wurden acht Lebensbilder christlicher Persönlichkeiten und das 1. bis 3. Hauptstück. Das 4. und 5. Hauptstück wurde im Konfirmandenunterricht behandelt.

Jaide (1988, S. 303 ff.) versucht, ein Gesamtbild dieser Zeit zu zeichnen. Er führt aus: Es gab zahlreiche Fortschritte in dieser Zeit im Bereich von Wissenschaft, Kultur, Technik, Wirtschaft. Die Gesundheitsverhältnisse und Arbeitsverhältnisse verbesserten sich. Es kamen zum Beispiel der Facharbeiter und der Fachangestellte auf. Das alles aber war überschattet von zahlreichen Belastungen wie den politischen und materiellen Nachkriegslasten, den Krisen in der Einkommens- und Vermögensentwicklung, von fortdauernden Unruhen von links und rechts. Es war eine Zeit der Ungewissheiten. „Die Weimarer Zeit löste die Probleme ... nicht, sondern vegetierte im Nachschatten des Ersten Weltkrieges und im Vorschatten der Hitlerei und des Zweiten Weltkrieges." Als Reaktion auf einen Mangel an bergende Milieus begaben sich mehr als 50 Prozent der Jugend in ein umfangreiches Vereins- und Verbandsleben und suchten „das große Vergnügen mit Schlager und Schieber". Die Weimarer Familie lebte „durch ein Dennoch". Man nutzte den Garten, begann Hausschneiderei, wendete die Anzüge und die Briefumschläge. Man hielt zusammen, bewahrte sich einen Fundus verbindlicher gemeinsamer moralischer Substanz, setzte auf die Kinder, die man zur deutschen Tüchtigkeit erzog.

## NS-Zeit

Am 30. Januar 1933 beauftrage der Reichspräsident von Hindenburg Adolf Hitler, den Parteivorsitzenden der NSDAP, mit der Regierungsbildung – ein Vorgang, der von der NSDAP als Machtergreifung bezeichnet wurde. Hitler baute einen totalitären Staat auf, in dem alle Bereiche der Gesellschaft gleichgeschaltet und unter die Kontrolle des Staates gestellt wurden. Besonderer Wert wurde auf die nationalsozialistische Erziehung der Jugend gelegt. Jugendverbände entfalteten sich wie etwa die Hitlerjugend (HJ) oder der Bund deutscher Mädel (BDM). In der Erziehung ging es um „Rassenbewusstsein, Gehorsam, Loyalität zu Führer und Vaterland, den Glauben an die Notwendigkeit uneingeschränkter Selbstaufopferung und das Ethos der Volksgemeinschaft" (Stachura 1983, S. 234). Auch auf den Religionsunterricht in der Schule wurde Einfluss ausgeübt (Hunsche 1949, S. 455 ff.). Die Stundenzahl wurde gekürzt. Die Inhalte sollten von jüdischen Elementen befreit werden. Das Alte Testament sollte nur noch verkürzt dargestellt werden. Aus Liedern wurden jüdische Bestandteile herausgenommen. Jesus sollte dargestellt werden als der „heldische, arische Jesus". Auch germanischer Götterglaube sollte gelehrt werden. Insgesamt ist die Entwicklung im Reich wohl sehr unterschiedlich verlaufen. Inwieweit das alles zur vollen Entfaltung kam, war sicherlich auch von der Einstellung des jeweiligen Lehrers abhängig. Da, wo der Religionsunterricht für die Kirche untragbar wurde, baute sie – wenn auch nicht ohne Behinderung – in manchen Gebieten das kirchliche Unterrichtswesen aus. Kirchliche Kinderlehre wurde eingeführt. Wo der Konfirmandenunterricht nur einjährig war, wurde er vielerorts zweijährig.

Im Jahre 1939 führte Hitler das deutsche Volk in den Zweiten Weltkrieg, in dem Massen von Menschen ihr Leben ließen. Zahlreiche Kriegerwitwen begegnen uns heute in der Seelsorge, zahlreiche Menschen aber auch, die immer wieder von ihrer Heimat sprechen, die sie gegen Ende des Krieges verlassen mussten. Demenz bringt aber auch bisweilen nationalsozialistisches Gedankengut wieder hervor, das im prädementionalen Dasein verschwiegen, verdrängt oder abgelegt worden war. Bisweilen wird „mein Führer" wieder Thema oder Erzählungen sind von Antisemitismen geprägt. Bisweilen taucht aber auch die Angst vor den Machthabern auf: „Man darf das nicht sagen, sonst kommt man ins KZ".

*Ein weiterer Zugang zur Geschichte*
Die dargestellten Informationen sind vorwiegend Publikationen von Historikern entnommen, die auf schriftlichen Quellen basieren. Wer näher an eine lebendige Geschichte herankommen will, dem sei empfohlen, noch einen anderen Zugang zu wählen. In der Geschichtswissenschaft wird seit einigen Jahren auch „Geschichte von unten" betrieben. Man nennt sie auch „oral history". Man befragt Zeitzeugen und lässt sie erzählen, was sie erlebt haben und wie sie es erlebt haben. Ein solches Geschichtsstudium ist auch uns leicht möglich. Man wählt sich einen Kreis von alten Menschen, die diese Epochen erlebt haben, etwa den Seniorenkreis der Kirchengemeinde oder eine Gruppe im Altenheim. Es ist hilfreich, bestimmte Bereiche und Leitfragen vorzugeben. Hier eine Strukturierungshilfe:

Erlebnisbereich „Schule"
– Was fällt ihnen ein, wenn Sie an Ihre Schulzeit denken?
– Welche Fächer hatten Sie?
– Was war auswendig zu lernen?
– Wie war der Lehrer / die Lehrerin?
– Wann gab es schulfrei?
– Wie war das mit dem Fach „Religion"?

Erlebnisbereich „Arbeit"
– Welche Berufe hatten die Väter damals?
– Wie sah die Arbeit der Mutter aus?
– Wie war das, als Sie aus der Schule kamen?

Erlebnisbereich „Freizeit"
– Was haben Sie als Kinder gespielt?
– Welche Feste wurden damals gefeiert?
– Welche Schlager haben Sie damals gesungen?
– Welche Tänze wurden getanzt?

Erlebnisbereich „Kirche"
– Was fällt Ihnen ein, wenn Sie an Ihren Konfirmandenunterricht denken?
– Was haben Sie gelernt?
– Wie war der Pastor?
– Wie oft gingen Sie zur Kirche?
– Wie wurde die Konfirmation gefeiert?

Eine solche Erinnerungsarbeit lässt sich noch intensivieren, indem man optische Gedächtnishilfen einsetzt. So könnte man etwa ein altes Klassenfoto zeigen oder ein Bild von der Arbeit auf dem Felde oder von einem Dorffest. Das Gedächtnis wird auch aktiviert durch Gegenstände, die einen biografischen Kontext aufschließen, etwa eine alte Tafel, die früher in der Schule benutzt wurde oder ein altes Bügeleisen, mit dem man früher geplättet hat. Für den religiösen Kontext bietet sich ein altes Gesangbuch von der Art an, wie man es damals zur Konfirmation geschenkt bekam, eine alte Hausbibel oder religiöse Bilder, etwa Engelsbilder, wie sie damals häufig im Flur oder im Schlafzimmer aufgehängt wurden oder in der Familienbibel abgebildet waren. All das löst noch weit mehr Erinnerungen aus als ein rein verbaler Austausch.

Durch einen solchen Zugang zur Geschichte kommt vor allem die Alltagsgeschichte der Menschen in den Blick. Auf diese Weise kommen aber auch nicht nur Ereignisse in den Blick, sondern es treten auch die Emotionen hervor, die mit diesen Ereignissen verbunden waren und auch heute noch wieder aufleben.

## 2. Der persönliche biografische Hintergrund

Im Rahmen der allgemeinen Geschichte hat jeder Mensch seine persönliche Geschichte durchlebt, durchfreut und durchlitten. Auch diese sollten wir uns vergegenwärtigen, wenn wir den konkreten alten Menschen verstehen wollen. Wir sollten uns ganz gezielt um „biografische Arbeit" bemühen. Was die ganz persönliche Geschichte anbetrifft, so mache ich bisweilen die Beobachtung, dass altersverwirrte Menschen, die im allgemeinen auf Kindheit und Jugend zurückgeworfen sind, sich an Einzelerlebnisse erinnern, die später liegen. Es sind zentrale Erlebnisse, die im besonderen Maße emotional besetzt sind. Mütter berichten von ihren kleinen Kindern, die sie versorgen müssen. Bauern, die eng mit ihrer Scholle verbunden waren, erzählen von ihrer Arbeit auf dem Hof. Aber auch sehr tragische Erlebnisse jenseits von Kindheit und Jugend kommen hoch. Eine altersverwirrte Frau kommt häufig auf ihren Sohn zu sprechen, der auf die schiefe Bahn gekommen war. Eine Mutter erzählt von dem Kind, das sie verloren hat. Grausame Kriegs- und Fluchterlebnisse, Vergewaltigung, erzwungene Sterilisation widerstehen oftmals lange dem Gedächtniszerfall.

Wie kommen wir an die Biografie eines altersverwirrten Menschen heran? Manches wird autobiografisch deutlich. Teilweise erschließt uns diese Biografie eventuell im Zuge einer Eigenanamnese der altersverwirrte Mensch selbst. In frühen Stadien der Krankheit ist dieses oftmals möglich. Auch in späteren Stadien kann es sein, dass der altersverwirrte Mensch lichte Phasen oder klare Lebensthemenbereiche hat. Darüber hinaus wird es nötig sein, sich um Fremdanamnese zu bemühen. Wir befragen Angehörige, Freunde und Bekannte nach dem Lebenslauf dieses Menschen. Wir tragen ihnen verwirrte Äußerungen vor, die wir nicht deuten können. Auch für pflegende Angehörige, die ja erst relativ spät in das Leben dieses Menschen getreten sind, kann eine Fremdbefragung sinnvoll sein.

Sie können bei Geschwistern nachfragen oder bei alten Dorfbewohnern, die den Menschen von Kindheit an kennen.

Der Wert einer solchen biografischen Arbeit sei an einigen Beispielen gezeigt. Bei einer Frau, die immer wieder von ihrem Bruder, selten von den Schwestern sprach, stellte sich heraus, dass da ein besonders inniges Verhältnis war, das bis in die Kindheit reichte. Bilder vom Bruder wurden stets besonders griffbereit aufbewahrt. Bei einer Frau, die ihr Apfelkraut vermisste, kam heraus, dass sie ihre Kindheit und Jugend im Rheinland verbracht hatte, dort, wo man Apfelkraut täglich aß. Die Deutung „Bestehlungswahn" oder „hat den Aufbewahrungsort vergessen" wäre zumindest unvollständig. Hier wird ein Verlust an Kontinuität in der persönlichen Geschichte erlebt, die das Apfelkraut darstellte. Die Verleugnung der einmal geschlossenen Ehe kann bedeuten, dass die Erinnerung abgerissen ist. Es kann aber auch sein, dass die Ehe als Last erlebt wurde und man sie nicht mehr wahrhaben will. Nicht zu schnell sollte man mit bildhaften Erklärungen von Äußerungen sein. So sagte ein altersverwirrter Mann: „Ich bin mit meinem Vater über den Berg gegangen." Es drängt sich auf: Der Berg als Metapher der Verbindung von Himmel und Erde, Nähe Gottes, Empfindung von Todesnähe. Das weitere Gespräch brachte eher eine ganz reale biografische Erklärung zutage. Der Mann stammte aus einem Dorf, das am Fuße eines Bergs lag. Oft war er mit seinem Vater über den Berg gegangen, um Holz zu holen.

Bei der Durchforschung der persönlichen Lebensgeschichte kann alles relevant sein. Auch das, was uns als nebensächlich, belanglos vorkommt, kann für unseren Gesprächspartner von großer Bedeutung sein.

Einige Leitfragen für die biografische Arbeit seien genannt:
– Wo ist dieser Mensch geboren und aufgewachsen?
– In welchem sozialen Umfeld ist er großgeworden?
– Welche Schule hat er besucht?
– Wie war sein beruflicher Werdegang?
– Wie sah seine eigene Familie aus oder blieb er ledig?
– An welchen Orten hat er gelebt?
– Gab es Lieblingsbeschäftigungen?
– Gab es einschneidende Schicksalsschläge?

Speziell zur religiösen Sozialisation sollte man fragen:
– Wie war die Einstellung der Eltern zur Kirche?
– Fand religiöse Sozialisation im Elternhaus statt oder nur über Schule und Kirche?

– Wurde Gott vorwiegend als strafender Richter oder als liebender Vater dargestellt?
– Gibt es noch eine alte Familienbibel oder das Gesangbuch, das zur Konfirmation geschenkt wurde?
– Lässt sich der Konfirmations- oder Trauspruch noch feststellen?
– Gibt es Lieblingslieder aus dem Gesangbuch oder Lieblingstexte aus der Bibel oder geliebte Bilder mit biblischen Darstellungen?

## IV. Grundlegung Seelsorge

### 1. Beweggründe zur Seelsorge

Alte Menschen mit den beschriebenen Krankheitsbildern sind auch eine Herausforderung für die Seelsorge. Die Seelsorge ist aufgefordert, Überlegungen anzustellen, wie sie diesen Menschen Beistand leisten kann. Dieses ergibt sich aus der biblisch begründeten Verantwortung, die Kirche für die Leidenden hat. „Ich will euch tragen bis ihr grau werdet" (Jesaja 46,4) oder „Selig sind, die arm an Geist sind" (Matthäus 5,3) muss seelsorgerlich vermittelt und erfahrbar gemacht werden. Dieses wird aber auch bisweilen von seiten der Humanwissenschaften geradezu angefordert. So betrachtet der Psychologe und Psychotherapeut Hilarion Petzold (1980, S. 332), Leiter des Fritz-Perls-Instituts, die Pastoraltheologie als einen Teilbereich der Theoretischen Gerontologie und die Altenseelsorge als einen Bereich der Angewandten Gerontologie. In seinem Buch „Die Pflege verwirrter alter Menschen" (2003, S. 263) widmet der Mediziner und Psychotherapeut Erich Grond dem Seelsorger ein eigenes Kapitel. Auch bei altersverwirrten Menschen ist für ihn Seelsorge ein Mittel zur Sinnfindung, zur Gewinnung von Zuversicht, zur Überwindung von Schuldgefühlen und zur Herstellung von Orientierung. Die Frage nach dem Glauben und der Beziehung zur Kirche stellt sich für ihn wie auch für den Pflegenden bei der Reflexion des Pflegeprozesses. Sie ist ein Merkmal der Qualitätssicherung (2005, S. 96). Der in Zürich wirkende Mediziner Albert Wettstein (1991, S. 175) weist daraufhin, dass bei einer Demenz zur Anamnese auch die Erhebung der religiösen Aktivitäten und Wünsche gehört. Der ebenfalls in der Schweiz wirkende Mediziner Paolo Six (1988, S. 84) empfiehlt bei der Begleitung von Menschen mit Demenz vom Alzheimer Typ unter anderem die Einrichtung von Seelsorgegruppen. Spiritualität im Umgang mit dementen Menschen als Teil einer ganzheitlichen Versorgung kommt in den letzten Jahren verstärkt in den Humanwissenschaft in den Blick, was sich an Artikelanforderungen für Fachzeitschriften und an Einladungen zu Fachkongressen zeigt.

## 2. Leitlinien der Seelsorge

Im Folgenden werden einige Grundsätze genannt, die als Leitlinien für seelsorgerliches Handeln dienen sollen:

– Seelsorge an altersverwirrten Menschen bemüht sich um das Verstehen der verursachenden Krankheiten und ihrer Erscheinungsbilder. Sie beschäftigt sich von daher mit Erkenntnissen der Gerontopsychiatrie, welche die gestörte Rationalität verdeutlichen.

– Seelsorge an altersverwirrten Menschen sucht Handlungshilfe bei gerontotherapeutischen Interventionsmaßnahmen, die stimulierende und tragende Zugangs- und Umgangsformen aufzeigen.

– In der Seelsorge an altersverwirrten Menschen kommt altersbedingt und krankheitsbedingt der Vergangenheit verstärkt Bedeutung zu. Die Zeit der frühen religiösen Sozialisation muss von daher besonders in den Blick genommen werden. Es ist zu fragen: Was weist Kontinuität bis in die Kindheit auf?

– Seelsorge an altersverwirrten Menschen geht davon aus, dass auch der unkirchliche alte Mensch im Laufe seines Lebens mit Äußerungen und Symbolen des christlichen Glaubens in Berührung gekommen ist und darauf grundsätzlich ansprechbar ist.

– Seelsorge an altersverwirrten Menschen hat als Proprium und Ziel die Vermittlung der Botschaft von der Vergebung und der christlichen Hoffnung. Die Liebe Christi wird erfahrbar im Zuspruch des Evangeliums sowie in der Art der Begegnung.

– Seelsorge an altersverwirrten Menschen ist ganzheitlich. Das heißt, sie macht nach ihren Möglichkeiten alle in dem Geschöpfsein des Menschen begründeten Bedürfnisse zu ihrem Anliegen. Sie alle können zu Anknüpfungspunkten für das geistliche Proprium werden.

– Seelsorge an altersverwirrten Menschen geht davon aus, dass bis zuletzt eine „geistliche Empfänglichkeit" erhalten bleibt, auch wenn ein „reflexiver Selbstbezug" abhanden gekommen ist, auch bei „Verlust des Bewusstseins" (Fischer 2006, S. 218).

Auf der Grundlage dieser Leitlinien werden im Folgenden Zugänge auf drei Begegnungsebenen behandelt: das seelsorgerliche Einzelgespräch, der Gottesdienst, Seelsorge in der Gruppe.

# B. Das seelsorgerliche Einzelgespräch

## I. Begleitung im frühen Demenzstadium

Im frühen Demenzstadium ist der Mensch noch sprachfähig. Sein aktives wie passives Sprachvermögen bewegen sich im Hauptsatzbereich. Die Syntax des Hauptsatzes ist noch intakt. Der Mensch beherrscht die Inhaltswörter: Nomen, Verben, Adjektive und die Funktionswörter: Artikel, Konjunktionen, Präpositionen, Pronomen. Sein Denken bewegt sich im profanen wie im religiösen Bereich jenseits aller Abstraktionen im konkreten Bereich, der ihm unter mehreren Aspekten zugänglich ist. Der Mensch ist stark vergesslich, kann sich aber mit Hilfestellung noch erinnern. Er erinnert sich weniger an das, was gestern und vorgestern war, wohl aber an das, was viele Jahre zurückliegt. Bei seinen Äußerungen hat er bisweilen Wortfindungsstörungen. Der Mensch hat noch eine Krankheitseinsicht, was ihn für Depressionen besonders anfällig und daher bisweilen reizbar macht. Körperlich ist der Mensch noch weitgehend unauffällig.

### 1. Sichern der Identität

*a) Das Erinnern von Lebensgeschichten*

„Mein Herz ist geschlagen und verdorrt wie Gras, dass ich sogar vergesse mein Brot zu essen." So klagt ein Beter im Alten Testament (Psalm 102,5). Ob dieser Beter dement ist, lässt sich nicht sicher sagen. Wohl aber darf man den Verdacht äußern. Das Herz, im Hebräischen der Ort des Denkens, ist stark angegriffen. Der Mensch vergisst sein Brot zu essen, weil er das Hungergefühl verloren hat. „Ich vergesse alles." „Ich weiß das nicht mehr." „Ich quäle mich, bis es mir wieder einfällt." Solche Sätze sind typische, immer wieder zu hörende, mit Schmerz verbundene Äußerungen altersverwirrter Menschen. In diesen Äußerungen schwingt „die Angst verrückt zu werden". Ein zentrales Problem im Gespräch mit altersverwirrten Menschen ist die Beeinträchtigung des Gedächtnisses. Erich Grond (2005, S. 46) nennt das Frühstadium das Stadium der Vergesslichkeit. Schon im Mittelalter sprach der arabische Arzt Haly Abbas vom „Haus der Vergesslichkeit" (nach Förstl 2004, S. 11). Mit dem Verlust der Gedächtnisfunktionen geht der Verlust der Identität einher, die weitgehend eine geschichtlich geformte ist. Der altersverwirrte Mensch weiß nicht mehr, wo er hergegangen ist und daher auch nicht, wer er ist. Das Erkennen des Daseins in der Welt und auch vor Gott ist gestört. Dennoch ist in diesem Stadium noch die Fähigkeit vorhanden, Gedächtnisinhalte zu reaktivieren. Voraussetzung ist, dass gezielte Abrufreize (retrieval cues) gegeben werden. Man spricht auch vom Priming, vom Setzen eines Hinweisreizes (Prime). „Der Abruf von alten Erinnerungen ist... intakt" (Kurz 2002, S. 169). Diese Erkenntnis hatte bereits Cicero: „Die Geisteskräfte schwinden im hohen Alter, falls man nicht, wie bei einer Lampe, Öl nachträufelt" (Förstl 2004, S. 10). Aufgabe von Seelsorge ist es daher, zu versuchen, das Verdunkelte ein wenig aufzuhellen, Erinnerung zu fördern und damit auch depressive Verstimmungen zu vertreiben.

Ein Weg, um verlorene Lebensgeschichte wieder ins Bewusstsein zu bringen, ist das *mit-fragende Verhalten* als Erinnerungshilfe bei Gedächtnisverlust. *Mit-fragendes Verhalten* ist uns auch sonst vertraut. Wir stellen nahezu instinktiv Fragen als Findungshilfe, wenn jemand etwas verloren hat: Wo bist du denn gewesen? Könnte der Schlüssel nicht in der anderen Hose sein? Was für verlorene Dinge gilt, gilt auch für verloren gegangene Lebensgeschichte. Wir richten helfende Fragen an den sich noch fragenden dementen Menschen.

*Zum Beispiel:*
   Wie war das damals **zu Hause?**
   Wie war das damals **in der Schule?**
   Wie war das damals **bei der Konfirmation?**
   Wie war das damals **bei der Eheschließung?**
   Wie war das damals **mit Ihren Kindern?**

Es empfiehlt sich, die Schüsselbegriffe sprachlich besonders hervorzuheben. Mit solchen gerichteten Fragen werden die umherirrenden Gedanken auf einen Punkt gebracht. Die diffusen Gedanken werden geordnet. Erinnerungen werden gezielt reaktiviert. Man stellt Fragen, die im Gespräch „dran sind". Merkt man, dass der Gesprächspartner bei einer Frage verweilen möchte, so stellt man – wenn nötig – weitere spezifizierende Fragen, die das Themenfeld weiter ausmalen.

*Zum Beispiel:*
   Lebensthema **„Eheschließung":**
   Wie war das in der Kirche?
   Was haben Sie gesungen?
   Wer hat Sie getraut?
   Wo haben Sie gefeiert?

Solche Fragen müssen eventuell wiederholt werden, weil sie vergessen wurden. Wichtig ist, dass die Fragen einfach formuliert sind. Komplizierte Satzperioden oder zwei Fragen in einem Satz können eventuell nicht mehr aufgenommen werden. Aktivisch formulierte Fragen sind leichter aufnehmbar als passivisch formulierte. Wichtig ist weiterhin, dass ich die geläufige Ausdrucksweise, den verständlichen sprachlichen Code, treffe. Oftmals werden solche Fragen nur deshalb nicht verstanden, weil ich nicht die Sprache des Gesprächspartners spreche. Von daher muss ich eventuell verschiedene sprachliche Variationen versuchen.

*Zum Beispiel:*
Lebensthema **„Eheschließung":**
Wie war das, als Sie die Ehe schlossen?
Wie war das, als Sie geheiratet haben?
Wie war das bei der Trauung?
Wie war das, als Sie sich das Jawort gaben?

Lebensthema **„Konfirmation":**
Wie war das bei der Konfirmation?
Wie war das bei der Einsegnung?
Wie war das, als Sie ins Leben entlassen wurden?
Wie war das, als Sie aus der Schule kamen?

Auf Grund solcher Abrufreize kommen Erzählungen in Gang. Wer sich erinnert und einen Zuhörer findet, der fängt an zu erzählen, aktiviert sein episodisches Gedächtnis. Nicht selten kommt es zu lebhaften und leidenschaftlichen Erzählungen. Trotz beginnender Orientierungseinbußen, so stellt Edda Klessmann (2006, S. 18) bei einer Frau, die an der Alzheimer Krankheit litt, fest, „war sie noch sehr lebhaft, erzählte viel". Margaret Forster (1992, S. 61) weiß von der dementen Grandma zu berichten: „Es macht ihr Spaß, mir zu erzählen, sie sei immer zur Kirche gegangen." Die Erzählfähigkeit ist eine früh erworbene sprachliche Kompetenz und bleibt lange Zeit erhalten.

Erzählungen hören wir uns nicht nur an, wir reagieren auf sie, um auf diese Weise unser Interesse an der Geschichte und damit auch an der erzählenden Person zum Ausdruck zu bringen. Eine gängige Reaktion ist die Nachfrage. Ein solches *Nachfrageverhalten* kann unterschiedliche Funktionen haben. Wir fragen vielleicht nach, weil wir etwas nicht verstanden haben. Oder wir fragen nach, weil wir etwas genauer wissen möchten. Nachfragen können aber auch die Funktion haben, Erzählstörungen zu überwinden. Häufig kommt es vor, dass unser verwirrter Gesprächspartner „den Faden verliert", weil er vergessen hat, wovon er eben noch gesprochen hat. Nachfragen können dann das Thema wieder in Erinnerung bringen. Manchmal kommt es zu Perseverationen, das heißt, es wird immer wieder dasselbe erzählt. Nachfragen kann dann oftmals bewirken, dass auch andere Ereignismomente zur Sprache kommen. Oftmals bricht der demente Mensch auf Grund depressiver Apathie die Erzählung wieder schnell ab. Nachfragen hat dann die Funktion, die Erzählung wieder in Gang zu bringen.

Wenn wir durch Fragen und Nachfragen Erzählung anregen, ist es wichtig, dass wir uns im Rahmen der Denkmöglichkeiten unseres Gesprächspartners bewegen. Nicht alle Interrogativpronomen sind geeignet. Erreichend sind die Fragewörter: *Wer, Wie, Wo, Was.* Diese Fragen mobilisieren konkretes Denken, lassen Bilder von etwas entstehen. Möglich ist auch die Frage nach dem *Wann?.* Statische Zeitangaben von lebensgeschichtlicher Relevanz wie etwa das Datum der Konfirmation können erinnert werden. Andere Fragen fordern das abstrakte Denken vor allem die Urteilsfähigkeit, die beim dementen Menschen gestört ist (Assessmentstörung). Der Mensch kann nicht mehr kausal denken (Warum? Weshalb?) und nicht mehr final (Wozu?). Er kann nicht mehr konsekutiv denken, Folgen erwägen. Er kann nicht mehr konditional denken, Bedingungen aufweisen, nicht mehr konzessiv, einräumend denken, nicht mehr komparativ, vergleichend denken. Nicht beantworten kann er zumeist auch temporale Fragen, die eine Rechenfähigkeit voraussetzen (Wie lange?).

Schon im Frühstadium der Demenz ist mit semantisch-lexikalischen Störungen in Gestalt von Wortfindungsstörungen (Aphasie) zu rechnen. Das semantische Lexikon ist aber noch intakt, das begriffliche Wissen durchaus noch vorhanden und kann mit Hilfestellung aktiviert werden (Weis/Weber 1997, S. 893). Treten Wortfindungsstörungen auf, so wird man Findungshilfen geben, indem man vermutlich zutreffende Begriffe zur Auswahl vorgibt, zum Beispiel:

*Wir hatten im Stall immer viele... viele... –*
*Hühner? Schweine? Kühe?*
*Kühe, ja viele Kühe.*

*Bei der Konfirmation habe ich eine ...eine... –,*
*was zum Ummachen gekriegt.*
*Eine Kette? Eine Schürze?*
*Ja, eine schöne Schürze.*

Darüber hinaus gilt es folgende Gesprächsregeln zu beachten:
- Wir fragen nicht mit Satzgefügen bestehend aus Haupt- und Nebensätzen. Die angemessene Syntax ist ein einfacher Hauptsatz. Die Fähigkeit zum Satzgefüge geht schon im frühen Stadium der Demenz verloren. Der demente Mensch macht uns diese Sprechweise vor, indem er Nebensätze zu Hauptsätzen macht. Aus „Nachdem wir die Kartoffeln gepflanzt hatten, gingen wir zum Kaffee ins Haus" wird „Wir pflanzten die Kartoffeln. Wir gingen zum Kaffee ins Haus".
- Wir warten geduldig auf Antworten. Der Verarbeitungsprozess von der Frage bis zur Reaktion ist bei dementen Menschen verlangsamt.
- Nachfragen haben nur Sinn, wenn sie aus dem Altgedächtnis heraus beantwortet werden können, aus dem Erlebnisbereich der frühen Abschnitte der Lebensgeschichte.
- Wir vergewissern uns, dass unser Fragen als aufbauende Suchhilfe empfunden wird. Es darf nicht der Eindruck des Testens oder des Aushorchens entstehen.

Erzählen ist ein Mittel der Identitätsfindung und -erhaltung. Wer einen dementen Menschen erzählen lässt, kann damit den Zerfallsprozess von Gedächtnisinhalten zumindest verzögern. Was nicht mehr erzählt wird, fällt schnell dem Vergessen anheim. Wer einen Menschen von sich erzählen lässt, zu seiner Geschichte verhilft, bringt damit ein Interesse an diesem Menschen zum Ausdruck, signalisiert damit Wertschätzung, stärkt damit sein Selbstwertgefühl. „Die Erinnerung an vergangene Zeiten kann Freude auslösen, das Selbstwertgefühl wieder festigen und die Verbindung zu sichereren Zeiten möglich machen." (Zgola 1999, S. 30) Wer eine solche Freude erlebt, ist nicht mehr depressiv.

*b) Das Betrachten von Bildern aus der Lebensgeschichte*
Bei einer altersverwirrten Frau erlebte ich, dass sie auf die verbale Äußerung „Geschwister" antwortete: „Habe keine." Als ich ihr aber ein Bild der Geschwister vorlegte, erkannte sie sie sofort, nannte sie mit Namen, ordnete sie in die Altersreihenfolge ein und machte unterschiedliche Sympathiezuschreibungen. Das zeigt den besonderen Wert des Mediums Bild. Das Bild ist dem reinen Wort auch bei uns überlegen. Es erzeugt einen stärkeren Hinweisreiz. Untersuchungen bestätigen dieses. In den USA (H. P. Bahrick, wiedergegeben bei Michael G. Wessells 1994, S. 280) wurde nach 47 Jahren ehemaligen Schülern einmal eine Anzahl Namen der Mitschüler vorgelegt, ein andermal das Foto der Abschlussklasse. Es zeigte

sich, dass das Foto wesentlich mehr Erinnerungseffekte auslöste als die Namen. „Externe Gedächtnishilfen wie Fotografien können auch zur Verbesserung der Konversation bei Demenzkranken beitragen" (Kurz/Jendroska 2002, S. 203).

Brauchbare Abrufhilfen sind hier Fotos aus der früheren Lebensgeschichte. Ursula Dette (1990, S. 32) berichtet über ihre Mutter: „Habe mit ihr das rote Familien-Album angesehen. Mit meiner Hilfe erkennt sie viel, lacht, freut sich." Neben Fotos aus dem Familienalbum sind auch sonstige historische Bilder geeignet, die Stätten zeigen, an denen sich dieser Mensch in früheren Zeiten aufgehalten hat: das alte Schulhaus, der alte Marktplatz, die Kirche. Geeignet sind auch Darstellungen, die nicht dem geschichtlichen Wandel unterliegen: Blumen, ein Wald, Tiere usw. An drei Beispielen soll der Wert eines solchen bildhaften Vorgehens im Umgang mit altersverwirrten Menschen demonstriert werden.

Rein verbales Vorgehen hatte bei Frau M. wenig Erfolg. Sie äußerte nur sehr wenig aus ihrer Kinderzeit und das wenige waren unzusammenhängende Bruchstücke. Ich habe Frau M. wiederholt ein Foto vorgelegt, das sie im Alter von drei Jahren zeigt. Das Bild zeigt sie beim Fotografen. Sie hat eine Puppe im Arm. Sie trägt ein schönes Kleid und in den langen Haaren eine Schleife. Unten am Rand steht der Name des Fotografen: Wilhelm Beulke, X-Stadt, Steffensweg 24.

*1. Vorlage:*
„Das bin ich. Die Puppe, ich kann mich erinnern, die gehört dem Fotografen. Ich wollte die Puppe behalten. Aber der Fotograf sagte: `Das geht nicht.´"

*2. Vorlage (wenige Tage später):*
„Oh, das bin ich. Die Puppe gehört dem Fotografen, die musste der behalten. Das Kleid hat meine Mutter gemacht."

*3. Vorlage (einen Tag später):*
„Ja, das bin ich. Die Puppe gehört dem Fotografen, die musste dableiben. Das Kleid hat meine Mutter gemacht, die konnte gut schneidern, die hat auch für andere geschneidert, die kamen ins Haus. Die schönen langen Haare. Ich hatte immer so lange Haare. Steffensweg, der war da, wo ich wohnte, gleich um die Ecke von der Wichmannstraße."

*4. Vorlage (einen Tag später):*
„Das bin ich. Oh. Die Puppe gehört dem Fotografen, hat sie mir

gegeben, damit ich was habe. Das Kleid hat meine Mutter gemacht. Hat auch für andere was gemacht. Es ist ein gutes Kleid, aus Seide. War nicht einfach zu machen. Meine Mutter hat gesagt: `Du musst immer schöne lange Haare haben.´ Der Steffensweg ist eine lange Straße, viele Häuser. Viele Menschen wohnen da. Steffensweg, Hansastraße, viele Geschäfte. Mutter hat mich zum Einkaufen losgeschickt."

Durch wiederholte Vorlage des Bildes, teilweise mit Fingerhinweis auf einzelne Bildelemente als Entdeckungshilfe, erinnerte sich Frau M. an immer mehr Gegebenheiten aus ihrer Kindheit.

Ein weiteres Beispiel: Ich (P) hatte mir zwei Bilder schicken lassen, welche die Kirche, in der Frau H. (H) konfirmiert wurde, zeigen. Das eine war die Außenaufnahme mit der Unterschrift „Wilhardi-Kirche", das andere eine Innenaufnahme. Ein Ausschnitt aus dem Gespräch:

> *P. legt die Außenaufnahme der Kirche vor.*
> H.: „Wilhardi-Kirche, die gibt es auch in C-Stadt."
> P.: „Das ist in C-Stadt."
> H.: „Oh, ja, da sind wir oft vorbeigekommen – schöne Kirche – große Kirche. Da geht man rein."
> *P. legt die Innenaufnahme vor.*
> H.: „Das ist das Innerste, groß, schön."
> *P. stummer Fingerhinweis auf die Orgel.*
> H.: „Das ist die Orgel." Sie fängt fröhlich an zu singen: „Lobe den Herren."
> *P. stimmt in den Gesang ein.*
> *P. stummer Fingerhinweis auf den Altar.*
> H.: „Der Tisch, da steht der Pastor immer, da betet der." Sie spricht:
> „Vater unser im Himmel ... – Ich bin klein, mein Herz mach rein."
> *P. stummer Fingerhinweis auf den Taufstein.*
> H.: „Was ist das?"
> P.: „Der Taufstein."
> H.: „Aha, der Taufstein."
> P.: „Da sind Sie getauft worden." (Was ich aus der Biografie weiß.)
> H.: „Oh, wenn das mein Vater sehen würde, das da, wo er mich zur Taufe gebracht hat."
> *P. stummer Fingerhinweis auf die Kanzel.*

H.: „Da predigt der Pastor, von Jesus, von Gott, vom Heiligen Geist."

P.: „Dort sind Sie konfirmiert worden."

H.: „Wir waren nicht viele, ich war in Schwarz. Mein Vater hat mich hin gebracht, nachher wieder abgeholt, hat gefragt: `Na, wie war es denn?´" (Biografischer Hintergrund: nur kleiner Kreis, in Schwarz statt in Weiß – Die Familie war in Trauer; Vater hingebracht und wieder abgeholt – Vater war katholisch, hat eventuell am Konfirmationsgottesdienst nicht teilgenommen.)

H.: „Viel in die Kirche gegangen. Vater hat gesagt: `Wenn du fromm sein willst, musst du fleißig zur Kirche gehen.´" Sie fängt ergriffen an zu singen: „Jesu, geh voran auf der Lebensbahn."

Demente Menschen sind im Frühstadium oftmals „verwirrt in der Fremde" (Grond 2005, S. 47). Eine fremde Umgebung kann bisweilen auch durch Seelsorgerinnen und Seelsorger erzeugt werden. Um die Orientierung bezüglich meiner Person zu fördern, benutzte ich gelegentlich eine Fotografie, die mich vor einer Kirche im Talar zeigt. Dieses Foto legte ich Frau T. vor:

T.: „Oh, Sie sind Pastor. Wo ist das denn?"

P.: „Vor einer Kirche."

T.: „Ich bin in X-dorf konfirmiert worden. Pastor Y hat mich konfirmiert. Kennen Sie den?"

P.: „Nein."

T.: „Mein Vater war Küster. Mit sechs Stück zog er am Sonntag in die Kirche. Wenn wir nicht in der Kirche waren, durften wir den ganzen Tag nicht raus. Mutter kochte am Sonnabend vor."

P.: „In X-dorf sind Sie konfirmiert worden."

T.: „Ja, Pastor Y hat mich konfirmiert. Wir haben auch einen Spruch bekommen. Den kenne ich noch: Haltet an am Gebet."

P.: „Den haben Sie nicht vergessen."

Diese Beispiele zeigen: „Das Bild weckt Assoziationen, Erinnerungen, Gefühle ... Es enthält in sich eine Spannung, die anregt." (Bieniek 1992, S. 4) Sie zeigen auch, dass Bilder am Thema halten können, während sonst das Gespräch häufig von Thema zu Thema springt. Deutlich werden auch die emotionalen Effekte, die in den Interjektionen „Oh, Hach, Oh ja" hervortreten, und in der entstehenden

Psychomotorik. Man kann sich die Wirkung von Bildern auch hirnorganisch erklären. Das Bildgedächtnis befindet sich im Hinterhauptslappen. Speziell bei der Alzheimer Krankheit wird dieser erst sehr spät oder gar nicht geschädigt.

### c) Das „Begreifen" von Lebensgeschichte

Visuelle Zugänge lassen sich noch verstärken. Man bedenke, dass Denkprozesse wie erfassen, begreifen, einen Gedanken festhalten recht handfeste Wurzeln haben. In einer frühen Entwicklungsphase des Menschen ist dieser handfeste Zugriff der zentrale Zugang zur Umwelterfassung. Rolf Oerter (2008, S. 162 ff.) zeigt in bezug auf diese Entwicklungsphase, dass „Begreifen durch Greifen" geschieht. Auch in uns lebt diese Strategie fort. Wir machen Lebensgeschichte dingfest etwa dadurch, dass wir einen Ring tragen oder eine Kette, die wir einmal von der Großmutter geschenkt bekamen. Diese Erkenntnisstrategie tritt im Zuge der Demenz wieder stärker hervor. Das lenkt auf den Einsatz von taktilen Medien, Gegenständen, die angefasst, betastet werden können, die einen weiteren Lebensgeschichte generierenden Sinneskanal ansprechen.

Zu nennen sind *Erinnerungsstücke*, Gegenstände aus der persönlichen Lebensgeschichte des Menschen, die wiedererkannt werden und Vergangenheit aufschließen, die Erinnerungseffekte auslösen. Das kann zum Beispiel eine alte Vase sein, die bereits im Elternhaus war, ein Spielzeug aus der Kinderzeit, ein altes Essbesteck, das alte Werkzeug des Schuhmachers, das alte Butterfass der Hausfrau. Gegenstände von unmittelbar religiöser Relevanz sind zum Beispiel die alte Familienbibel, das Gesangbuch, das zur Konfirmation geschenkt wurde, der Trauring, ein Kreuz, die in Holz geschnitzten betenden Hände, eventuell ein Taufkleid oder ein Kniekissen mit Familientradition.

Die Arbeit mit Erinnerungsstücken kann natürlich auf Schwierigkeiten stoßen. Oftmals ist fleißig weggeworfen worden, weil man meinte, die Dinge nicht mehr gebrauchen zu können. Heimatvertriebene mussten vieles zurücklassen. Im Altersheim ist oftmals nur „das Nötigste"(?). Hier können *Ersatzstücke* weiterhelfen. Wenn schon die persönliche alte Bibel nicht mehr da ist, so kann man eine andere alte Bibel in die Hand geben, die so ähnlich aussieht. Vieles lässt sich aus praktischen Gründen nicht ins Zimmer holen. Verkleinerte Nachbildungen können hier weiterhelfen. So benutzte ich zum Beispiel naturgetreu nachgebildete Haus- und Hoftiere, die besonders alte Menschen aus dörflicher Umgebung ansprechen und bei ihnen Erinnerungen auslösen. Auch die Nachbildung einer Kirche kann Erinnerungen auslösen. Die Wirkung sei an einigen Beispielen dokumentiert.

Frau M. betastet mit Begeisterung eine Hühnerfigur, identifiziert sie und erzählt: „Wir hatten auch welche. Mein Vater hat sich um sie gekümmert. Wir hatten einen großen Garten. Die Hühner legten gut. Mein Vater schlug sich manchmal ein Ei in den Kaffee. Meine Mutter tat das auch. Aber ich mochte das nicht."

Frau K. nimmt die Nachbildung einer Kirche in die Hand, betrachtet und betastet sie: „Oh, das ist eine Kirche. Da sind die Fenster. Da ist die Tür, da geht man rein. Das ist der Turm. Da hängen die Glocken." – Fängt an zu singen: „Oh wie wohl ist's mir am Abend, wenn zur Ruh' die Glocken läuten."

Frau L. hält eine Engelfigur in der Hand und betastet sie: „Was die nicht alles machen können. Das sind Flügel, weißes Kleid, ein Engel. Da kommt eine Kerze rein, wie Weihnachten. Guckt nach oben, hat den Mund auf, der singt." – Sie singt: „Lobe den Herren den mächtigen König der Ehren."

Taktile Gegenstände besonderer Art sind die sogenannten *Übergangsobjekte:*

Stofftiere, Stoffpuppen, Schmusedecken. Kleine Kinder überbrücken damit die Abwesenheit der Mutter und bewältigen so die Phase der beginnenden Ablösung.

So etwas lebt auch im Erwachsenenalter fort. Viele Erwachsene lieben solche Kuscheldinge und nehmen sie selbst auf Reisen mit. Bei dementen alten Menschen lässt sich bisweilen beobachten, dass solche Übergangsobjekte wieder von besonderer Bedeutung werden. Puppen werden bei Frauen zu Kindersatz und aktivieren die Mutterrolle. Sie werden in den Arm genommen, gedrückt, gestreichelt, gewiegt. Man spricht mit ihnen und über sie. Man bettet sie neben sich zum Schlafen. In der Literatur werden Erfahrungen mit Übergangsobjekten bei Dementen dokumentiert von Edda Klessmann (2006, S. 104 ff.), Peter Wollschläger (in: Klessmann, S. 180 ff.) und Ursula Dette (1990, S. 81 f.).

Beim Einsatz solcher Objekte ist allerdings mit großer Umsicht zu verfahren. Wollschläger berichtet auch von negativen Erfahrungen. Eine Frau wies ein Stofftier aggressiv zurück mit der Bemerkung, sie sei doch kein kleines Kind mehr. Weiterhin wurde die Erfahrung gemacht, dass solche Gegenstände bevorzugt angenommen werden, zu denen bereits eine Beziehung besteht. So berichtet Edda Klessmann von einer Frau, bei der eine von ihr früher selber gemachte Puppe und ein von ihr selbst gekauftes Stofftier zum Übergangsobjekt wurde. Ursula Dette gelang es allerdings auch, einen ganz neuen Teddybär zum Übergangsobjekt werden zu lassen. Dies gelang aber erst über eine intensive gemeinsame Beschäftigung mit dem Gegenstand. Da, wo ein Gegenstand als Übergangsobjekt akzeptiert wird, gibt er Halt, vermittelt er das Gefühl der Geborgenheit, überwindet Einsamkeit und vermittelt durch das Umsorgen des Objekts das Empfinden einer sinnvollen Tätigkeit.

Bei manchen Dingen lässt sich der taktile Sinneskanal mit dem olfaktorischen verknüpfen, indem man riechbare Dinge einsetzt. Untersuchungen zur Geruchswahrnehmung (Burdach 1988, S. 41, 124) haben ergeben, dass Duftwahrnehmungen im wesentlich höheren Maße von emotionalen Reaktionen begleitet sind, als dies beim Sehen, Hören und Tasten der Fall ist. Auch ist bekannt, dass Dufteindrücke im Gedächtnis besonders gut haften, besonders wenn sie mit emotionsträchtigen Erinnerungen gekoppelt sind. Hier eröffnet sich eine weitere Möglichkeit der Gesprächsunterstützung. So kann der Duft von Ähren oder sonstiger Früchte in der Jahreszeit orientieren, auf Erntedank hinweisen, frühere Arbeitserlebnisse und Festerlebnisse wachrufen. Besonders in der Advents- und Weihnachtszeit hat der Duft von Keksen und Tannengrün Hinweisfunktion auf die Kirchenjahreszeit und lösen bisweilen Erinnerungen aus. Der Duft einer Blume, die man freundlicherweise zu einem Besuch mitbringt, kann zum Anknüpfungspunkt für das Gespräch werden. Der Apostel Paulus schrieb an die Philipper (Philipper 4,18): „Was von euch kam: ein lieblicher Geruch." In einem anderen Brief (2. Korinther 2,15) schreibt er: „Gott ... offenbart durch uns den Wohlgeruch seiner Erkenntnis an allen Orten." Das ist natürlich bildlich gemeint. Aber das real Gerochene kann ja vielleicht zum Erleben dieser übertragenen Bedeutung führen. Leider ist das Problem vorhanden, dass bei dementen Menschen die Geruchswahrnehmung stark reduziert ist (Weis/Weber 1997, S. 894 ff). Eine Lösung könnte sein, dass man den Geruch verstärkt, etwa: mehrere Tannenzweige statt nur einen Tannenzweig, nicht nur eine Blume, mehrere Ähren usw.

Die aufgeführten Interventionen stärken in zweifacher Hinsicht das Selbstwertgefühl des Menschen. Das Selbstwertgefühl wird dadurch aufgebaut, dass ich mich auf diesen Menschen einlasse und damit zum Ausdruck bringe, dass ich ihn wertschätze. Eventuell bin ich positive Kontrastperson zu anderen, die immer wieder die Defizite betonen oder ihr Desinteresse an diesen alten Kamellen spüren lassen. Zum anderen wird das Selbstwertgefühl über diesen Beziehungsaspekt hinaus dadurch gestärkt, dass ich dem Menschen dazu verhelfe, sein autobiografisches Selbst, seine Identität, wieder zu erlangen und noch eine Weile zu erhalten.

Es geht also nicht nur um Selbstbewusstsein, um die Wiederherstellung von Wissen um Dinge und Ereignisse; es geht um Gefühle.

In der Gedächtnisforschung (Granzow 1994, S. 19 ff.) spricht man davon, dass Geschichten, Episoden aus dem autobiografischen Gedächtnis, die einen „Bezug zum Selbst" haben, eine „Imagery-Komponente" haben, das heißt, sie lösen Gefühle aus. Es werden nicht nur äußere Sachverhalte dargestellt; die Erzählungen haben auch eine „Innenperspektive", eine „Erlebensperspektive". Sie sind verbunden mit dem Gefühl von „Wärme und Intimität" und dem „Gefühl der Vertrautheit".

Das alles ist nicht nur von psychologischer Bedeutung; es hat auch theologische Relevanz. Verschiedene Untersuchungen weisen nach, dass das Selbstwertgefühl „positiv und signifikant mit der Vorstellung von einem liebenden Gott korreliert", ein negatives Selbstwertgefühl hingegen mit einem strengen, strafenden und rächenden Gott. Wer ein positives Selbstwertgefühl aufbaut, ebnet damit auch den Weg zu einem positiven, angstfreien Gottesbild (nach Godwin Lämmermann 2006, S. 223 f. ).

## 2. Spezielle Mittel und Wege der geistlichen Orientierung

Aus der Alterspsychologie ist bekannt, „dass die Bereitschaft für religiöse Interpretation des Lebens an dessen Ende zunimmt". Bei alten Menschen ist die Religion eine „dominante Coping-Strategie", ein Mittel, um Probleme zu bewältigen (Lämmermann 2006, S. 321). Strittig ist die Begründung. Während die einen das Alter selbst für ursächlich erklären, sind andere der Meinung, dass dies auf eine besonders intensive religiöse Kindheitssozialisation der jetzt alten Menschen zurückzuführen ist. In jedem Fall dürfen wir von einem religiösen Bedürfnis ausgehen, dem wir gerecht werden sollten. Im Folgenden gehen wir klassischen Mitteln des seelsorgerlichen Gesprächs nach. Man wird sie an geeigneten Stellen des Gesprächs anbieten, aber nicht aufdrängen.

### a) Die biblische Geschichte

Weit mehr als heute spielte das Tradieren von Geschichten in der Kinderzeit der alten Menschen eine große Rolle. Märchen, Sagen und biblische Geschichten wurden zuhause, in der Schule und im kirchlichen Unterricht erzählt und zum Teil von den alten Menschen an ihre Kinder weitergegeben. In der Hannoverschen Landeskirche wurde 1928 vorgeschrieben, dass im Religionsunterricht der Volksschule 151 biblische Geschichten zu vermitteln waren und zwar in der Weise, dass die Schülerinnen und Schüler sie nacherzählen konnten (Religionsunterrichtsbeirat 1928, S. 1 ff.). Man macht die Erfahrung, dass vieles davon auch in der Demenz lange erhalten bleibt. Der

Grund liegt auch darin, dass die Erzählung in der sprachlichen Entwicklungsgeschichte schon früh als Ausdrucksform vorhanden ist. Es gilt die Regel: Was früh erworben wurde, bleibt lange erhalten. Wie sollte der Text beschaffen sein? Man muss sich überlegen, austasten, was der altersverwirrte Mensch in seinem Krankheitsstadium noch aufnehmen kann.Text und Aufnahmefähigkeit bedürfen hier ganz besonders der Passung. Zu bevorzugen sind Texte, die wahrscheinlich bekannt sind, die sich also im tiefen Altgedächtnis wiederfinden lassen, für damals typische Standardtexte. Auf biblische Gattungen gebracht sind dies vor allem Gleichnisse, Beispielgeschichten, Parabeln, Wundergeschichten, Legenden, also Texte, die einen betont narrativen Charakter haben. Man sollte sich umsehen nach einem damals verwendeten biblischen Geschichtsbuch (z.B. Lehrerverein Hannover, 1929). Ungeeignet sind Texte, die in besonderem Maße das Reflexionsvermögen fordern wie vor allem die Episteln. Das reflexive Denken entsteht später und vergeht unter Demenz relativ früh. Wichtig ist stets die vertraute Sprache des Textes. Nichts gegen moderne Bibelübersetzungen, nichts gegen die aktuelle Revision des Luthertextes, aber hier sind sie fehl am Platz. Der altersverwirrte Mensch braucht seinen vertrauten Text. Es ist enttäuschend und verunsichernd, ein Kontinuitätsbruch, wenn ein bekannter Text anders kommt, als er einmal gelernt wurde. Der vertraute Text ist die Lutherbibel in der Revision von 1912.

Möglich ist auch, eine Geschichte nicht in Textgestalt nahe zu bringen, sondern über eine bildliche Darstellung. Die Sehschärfe, das Unterscheidungsvermögen von groß und klein sowie die Wahrnehmungsfähigkeit für unterschiedliche Farben sind im frühen und mittleren Stadium der Alzheimer Krankheit noch nicht beeinträchtigt (Weis /Weber 1997, S. 903). Die Bilder sollten nicht abstrakt sein, sondern naturalistisch. Abstrakte Bilder stellen zu hohe kognitive Anforderungen. So habe ich zum Beispiel einmal ein Bild vom sinkenden Petrus einer altersverwirrten Frau vorgelegt. Sie entdeckte die einzelnen Elemente des Bildes und erschloss den Inhalt: „Da ist Wasser. Da ist ein Schiff. Da ist Jesus. Der gibt dem die Hand." Ähnliche Erfahrungen machte ich mit einen Abendmahlsbild: „Das ist Jesus. Das sind die Jünger. Der lehnt sich an Jesus an. Die essen zusammen." Solche Bilder findet man zum Beispiel in alten Gesangbüchern. Vertraut sind oft auch die Bilder aus „Die Bibel in Bildern" von Julius Schnorr von Carolsfeld.

*b) Der religiöse Spruch*
Die jetzt alten Menschen sind mit einem großen Schatz von Sprüchen groß geworden. Bestimmte Lebensweisheiten wurden auf

kurze Sätze verdichtet, so etwa: „Eigener Herd ist Goldes wert" oder „Früh übt sich, wer ein Meister werden will". Auch die damalige Religionspädagogik hat mit Spruchweisheiten gearbeitet. Pfarrer und Lehrer hatten Spruchbücher mit zentralen biblischen Sätzen zur Verfügung, die sie zum Lernen aufgaben und dann auch wiederholt abfragten. Sprüche wurden und werden bei der Konfirmation und Trauung als Leitlinien mit auf den Weg gegeben. In der Hannoverschen Landeskirche schrieb der Religionsunterrichtsbeirat 1928 vor, dass mindestens 98 Sprüche zu lernen waren (Religionsunterrichtsbeirat 1928, S. 1ff.). Die Erfahrung zeigt, dass solche Basissätze des christlichen Glaubens auch unter Demenz lange erhalten bleiben. Hier seien einige Sätze genannt, die häufig gelernt wurden:

*Bittet und ihr werdet empfangen.*
*Befiehl dem Herrn deine Wege.*
*Deine Sünden sind dir vergeben.*
*Ich bin die Auferstehung und das Leben.*
*Gott ist unsere Zuversicht und Stärke.*
*Herr, du bist meine Zuversicht für und für.*
*Aus der Tiefe rufe ich zu dir.*
*Alle eure Sorgen werft auf den Herrn.*
*Danket dem Herrn, denn er ist freundlich.*
*Ich bin der Weg, die Wahrheit und das Leben.*
*Kommt her zu mir alle, die ihr mühselig und beladen seid.*
*Gott legt uns eine Last auf, aber er hilft uns auch.*

Solche Sätze wird man an geeigneten Stellen des Gesprächs einsetzen. Man kann zum Nachsprechen einladen. In den ersten Krankheitsstadien der Alzheimer Krankheit, „gehört das Nachsprechen von Worten und einfachen Sätzen insgesamt zu den relativ gut erhaltenen Fähigkeiten" (Romero 1997, S. 947). Auch wird der Aussagesinn noch erfasst; dieser wird erst im mittleren Stadium der Krankheit nicht mehr verstanden (Kurz 1997, S. 993).

Bei solchen biblischen Sätzen hat sich auch das Anreizen des Satzes bewährt. Man hat einen Kartensatz mit unvollständigen Sätzen dabei und lädt zur Vervollständigung ein, zum Beispiel:

*Bittet und ???*
*Befiehl dem Herrn ???*
*Ich bin bei euch ???*
*Leben wir, so leben wir dem Herrn ???*
*Herr, bleibe bei uns, denn ???*

oder auch bei Liedtexten:

*Jesu, geh voran ???*
*Befiehl du deine Wege ???*
*Harre, meine Seele ???*
*In dir ist Freude ???*
*Ein feste Burg ist ???*

Es bedarf oftmals gar nicht der Aufforderung, zu ergänzen; es geschieht von allein. Dieses Verfahren kann ein doppeltes Erfolgserlebnis mit sich bringen. Der angefangene Satz erzeugt das Erlebnis: Das kenne ich. Der selbständig ergänzte Satz führt zu dem Erleben: Das kann ich noch. Da in diesem Stadium auch der Sinn noch erfasst wird, kann es auch zu der selbstbezogenen Erkenntnis kommen: Ja, so ist das auch in meinem Leben. Solche Satzergänzungen wird man natürlich in einem seelsorgerlichen Gespräch nicht als pures Ratespiel verwenden, sondern situationsgerecht einsetzen.

*c) Das Lied*
Alte Menschen haben im Konfirmandenunterricht und in den Schulfächern Religion und Singen sehr viele Lieder gelernt und behalten. Auch bei hirnorganischen Schäden sind sie sehr oft noch abrufbar und wirken besonders auf der emotionalen Ebene. Deshalb sollte das Lied im seelsorgerlichen Gespräch nicht fehlen, wenn eine entsprechende Gesprächssituation vorhanden ist. Es sollten bekannte Lieder sein. Vertraute Lieder muss man einfach herausfinden. Der Vertrautheitsgrad ist regional verschieden. Heimatvertriebene kennen oft Lieder, die den Einheimischen nicht vertraut sind. Zu bedenken ist auch, dass die alten Menschen nicht mit dem Evangelischen Gesangbuch (EG) großgeworden sind. Jede Landeskirche hatte damals ein eigenes Gesangbuch. Es kann daher bekannte Lieder geben, die nicht im EG stehen. Auch bedenke man, dass die Texte teilweise geändert wurden. Im Folgenden sind Lieder aufgeführt, die wohl als allgemein bekannt angesehen werden können. Es sind Lieder, die in jeder Zeit des Kirchenjahres gesungen werden können. An anderer Stelle (S. 112 f.) sind Lieder aufgeführt, die an bestimmte Stationen des Kirchenjahres gebunden sind.

*Lobe den Herren, den mächtigen König der Ehren (EG 317)*
*Jesu, geh voran auf der Lebensbahn (EG 391)*
*Harre, meine Seele (nicht mehr im EG)*
*In allen meinen Taten (EG 368)*
*Mein schönste Zier und Kleinod (EG 473)*
*Der Mond ist aufgegangen (EG 482)*

*Jesus lebt, mit ihm auch ich (EG 115)*
*Ach bleib mit deiner Gnade (EG 347)*
*Befiehl du deine Wege (EG 361)*
*Liebster Jesu, wir sind hier (EG 161)*
*Führe mich, oh Herr, und leite meinen Gang (EG 445)*
*In dir ist Freude in allem Leide (EG 398)*
*Aus tiefer Not schrei ich zu dir (EG 299)*
*Nun danket alle Gott (EG 321)*
*Ein feste Burg ist unser Gott (EG 362)*
*So nimm denn meine Hände (EG 376)*
*Bis hierher hat mich Gott gebracht (EG 329)*
*Die güldne Sonne (EG 449)*
*Geh aus, mein Herz, und suche Freud (EG 503)*
*Unsern Ausgang segne Gott (EG 163)*
*Was Gott tut, das ist wohlgetan (EG 372)*
*Weißt du, wieviel Sternlein stehen (EG 511)*
*Großer Gott, wir loben dich (EG 331)*

Darüber hinaus gibt es geistliche Lieder, die außerhalb der offiziellen Kirchengesangbücher zu finden sind, zum Beispiel:

*Guten Abend, gute Nacht*
*Gold'ne Abendsonne*
*Nun wollen wir singen das Abendlied*
*Abend wird es wieder, über Wald und Feld*
*Kein schöner Land in dieser Zeit*
*Wem Gott will rechte Gunst erweisen*

Besonders tragend kann es natürlich sein, wenn uns aus der Biografie des Gesprächspartners Lieder bekannt sind, die im Leben dieses Menschen eine besondere Bedeutung haben, die ihn begleitet haben und immer wieder zur Kraftquelle wurden. Wichtig beim gemeinsamen Singen ist, dass man auf das Tempo achtet. Der alte Mensch, erst recht der kranke alte Mensch, singt oft langsamer als wir. Zu bedenken ist das aus der Musiktherapie bekannte ISO-Prinzip. Dieses besagt: Ich wähle Lieder aus, die der psychischen Verfassung entsprechen, die in der Stimmungslage abholen, in der sich der Mensch befindet. Musik hat unterschiedliche Wirkungen. Musik kann anregend aktivierend wirken, was besonders durch Dur-Klänge und Dissonanzen erreicht wird. Sie kann beruhigend und entspannend wirken, was besonders Moll-Klänge und Konsonanzen bewirken. Lieder können zudem Erinnerungen an Ereignisse auslösen, mit denen die Lieder in Beziehung stehen (Depping 1991, S. 34 f.)

## d) Das Gebet

Ein Gebet sollte man nicht gewaltsam ins Gespräch einfügen, wohl aber stets das vorhandene Bedürfnis dazu aufspüren. Formuliert man ein freies Gebet, was in frühen Krankheitsstadien sinnvoll sein kann, so achte man darauf, dass es nicht zu lang wird, aus einfachen Sätzen besteht, klar aufgebaut ist und eventuell Wiederholungen enthält. Emotional ausstrahlende Bilder wie etwa „Finsternis-Licht" sind hilfreich. Es ist sinnvoll, vertraute Bibelworte zu umkreisen. Es versteht sich von selbst, dass ein solches Gebet Bezug haben sollte zu der bestimmten Person – auch zu ihrer Sprache – und zu dem, was in dem Gespräch zur Sprache – auch zur Körpersprache – gekommen ist.

Darüber hinaus greift man zum tradierten, vertrauten Gebet. Es eröffnet auch die Möglichkeit zum gemeinsamen Beten. Geeignet sind Gebete aus dem Psalter, zum Beispiel:

> *Der Herr ist mein Hirte (Psalm 23)*
> *Herr, höre meine Stimme, wenn ich rufe (Psalm 130)*
> *Bei dir ist die Quelle des Lebens (Psalm 36)*
> *Herr, deine Güte reicht so weit der Himmel ist (Psalm 36)*
> *Schaffe in mir, Gott, ein reines Herz (Psalm 51)*

Oder besonders zutreffend für kranke alte Menschen:

> *Verwirf mich nicht in meinem Alter,*
> *verlass mich nicht, wenn ich schwach werde.*
> *Du lässt mich erfahren viele und große Angst*
> *und tröstet mich wieder ( Psalm 71)*

Geeignet ist auch das Sprechen von Liedtexten, die Gebetscharakter haben, zum Beispiel:

> *Jesu, geh voran auf der Lebensbahn ... (EG 391)*
> *Liebster Jesu, wir sind hier ... (EG 161)*
> *Hab Lob und Ehr, hab Preis und Dank ... (EG 329)*
> *Führe mich, o Herr, und leite meinen Gang... (EG 445)*
> *Aus tiefer Not schrei ich zu dir ... (EG 299)*
> *Müde bin ich, geh zur Ruh ... (EG 484)*
> *Großer Gott, wir loben dich ... (EG 331)*

Auch ansonsten bietet die Dichtung vertraute Gebete, zum Beispiel: Eduard Mörike:

*Herr! schicke, was du willst,*
*ein Liebes oder Leides;*
*ich bin vergnügt,*
*dass beides aus deinen Händen quillt.*
*Wollest mit Freuden*
*und wollest mit Leiden*
*mich nicht überschütten!*
*Doch in der Mitten*
*liegt holdes Bescheiden.*

Solche Gebete sind besonders ansprechend, weil sie gereimt und rhythmisch sind und von daher eine besondere emotionale Qualität haben. Sie haben zudem wegen ihrer mnemotechnischen Struktur in der Erinnerung ein besonderes Haftungsvermögen. Geeignet sind natürlich auch:

*Das Vaterunser*
*Luthers Morgensegen (EG 815)*
*Luthers Abendsegen (EG 852)*

Kindergebete, zum Beispiel:

*Ich bin klein, mein Herz mach rein,*
*soll niemand drin wohnen als Jesus allein.*

*Wie fröhlich bin ich aufgewacht,*
*wie hab' ich geschlafen so sanft die Nacht.*
*Hab Dank, mein Vater, im Himmel mein,*
*dass du hast wollen bei mir sein.*
*Behüte mich auch diesen Tag,*
*dass mir kein Leid geschehen mag.*

*Müde bin ich, geh zur Ruh,*
*schließe meine Augen zu.*
*Vater, lass die Augen dein*
*über meinem Bette sein.*

Alle Gebete, die man verwendet, sollte man möglichst auch selbst auswendig können. Beim Beten empfiehlt es sich eventuell auch, die körperliche Nähe zu suchen, die gefalteten Hände mit den eigenen Händen zu umfassen. Dieses macht erfahrbar, dass wir uns gemeinsam auf Gott ausrichten.

Es versteht sich von selbst, dass man in der Seelsorge, speziell in der Seelsorge mit dementen Menschen, tragende Texte, Bilder und Lieder einsetzt. Tragend sind diese Seelsorgemittel, wenn sie Gott als einen gütigen, barmherzigen, liebenden Vatergott in den Blick bringen. Bei den jetzt alten Menschen besteht eine besondere Notwendigkeit. Sie sind oft auf einen autoritären „Buchhaltergott", auf einen „Leistungsgott", auf einen richtenden Gott hin sozialisiert worden (Frielingsdorf 2004). Man muss sich vor Gott bewähren, fromm sein, sonst ist einem der Himmel verschlossen: „Lieber Gott, mach mich fromm, dass ich in den Himmel komm". Gott wurde als Erziehungsmittel eingesetzt, um bestimmte Verhaltensweisen durchzusetzen. „Wenn du nicht isst, schimpft der liebe (?) Gott." Die jetzt alten Menschen haben sich diesen Gott dann auch selbst verstärkt, indem sie in der Erziehung ihrer Kinder und bisweilen im Umgang mit ihren Enkelkindern mit ihm operiert haben. Der sanktionierende Gott führte auch zu sanktionierenden Maßnahmen in der kirchlichen Praxis. So wurden Paare, die heiraten mussten, „unehrenhaft" getraut, ohne Glockengeläut, ohne Orgelmusik, ohne weißes Kleid. Noch lange wurden Menschen, die sich das Leben genommen hatten, „unehrenhaft" an besonderen Plätzen des Friedhofs ohne geistliche Begleitung bestattet. Wer auf einen solchen Gott hin sozialisiert worden ist, erlebt im Sinne eines Tun-Ergehen-Zusammenhangs die Beeinträchtigungen im Alter bisweilen als Strafe Gottes für ein Fehlverhalten, das sich in jedem Leben finden lässt. Und wenn es nicht zu finden ist, muss doch irgendwie etwas Strafwürdiges gewesen sein. Ulrich Schwab (1995) hat in einer bayrischen Untersuchung an den Geburtsjahrgängen 1929-41 herausgefunden, dass die Menschen in ihrer Kindheit aber keineswegs ausschließlich auf diesen strengen Gott, auf diese „Furchtperson", hin sozialisiert worden sind. Es gab auch das Bild von dem hilfreich handelnden, vergebungsbereiten Gott als Anker, Halt, Schützer, feste Burg. Die genannten, als biografisch relevant entdeckten, tragenden Texte und Bilder bestätigen das. In der Seelsorge wird es darauf ankommen, diesen Sozialisationshintergrund wieder stärker zu beleben und tragend werden zu lassen, zu versuchen, den Vatergott des Evangeliums dominant werden zu lassen. Das ist sicherlich nicht nur eine Frage der Vermittlung von entsprechenden Texten. Das setzt zugleich eine Nähe von Menschen voraus, die das Evangelium nicht nur verbalisieren, sondern durch ihre Person wärmend ausstrahlen.

## II. Begleitung im mittleren Demenzstadium

Im mittleren Demenzstadium ist der Mensch weiterhin sprachfähig. Sein passives Sprachvermögen, seine Fähigkeit Sprache aufzunehmen, ist bei einfacher Sprache voll erhalten, wenngleich er bei Texten den Sinn nur noch schwer erfassen kann. Im aktiven Sprachgebrauch reduziert sich seine Syntax; seine Hauptsätze werden kürzer bis hin zu Drei-Wort-Sätzen, Zwei-Wort-Sätzen und schließlich Ein-Wort-Sätzen. Semantische Probleme in Gestalt von Wortfindungsstörungen nehmen zu. Der Mensch hat Probleme mit dem pragmatischen Sprachsystem, das heißt in der Ausführung der Kommunikation: Er verliert häufiger den Faden, gibt zuwenig Informationen, gibt unklare Informationen, schweift zu Dingen ab, die für das Thema irrelevant sind (Weis / Weber 1997, S. 933 ff.). Es kommt zu einem „Leben in der Vergangenheit" (Kurz 2002, S. 170). Die aktuelle Lebenswelt tritt völlig zurück, außer dass sie als etwas Fremdes oder gar Bedrohliches erlebt wird. Der Mensch erzählt so, als wenn das Vergangene noch Gegenwart wäre (Zeitgitterstörung). Im Gegensatz zum frühen Stadium kann sich der Mensch nicht mehr erinnern, hat kein Bewusstsein mehr für Gestern und Heute. Er ist in die Vergangenheit „entrückt", zurückversetzt. Inhaltlich bewegt er sich im Kontext seines persönlichen Altgedächtnisses. Relevant ist nur noch das, was ihn selbst unmittelbar betrifft; die weitergreifenden Zeitverhältnisse verlieren an Bedeutung. Es kommt öfter zu psychotischen Erscheinungen.

## 1. Akzeptieren in der präsentischen Vergangenheit

### a) Empathischer Umgang mit verwirrten Äußerungen

Da sagt mir eine alte Frau: „Ich muss gleich in den Garten raus. Mein Vater und mein Bruder warten schon. Wir müssen unbedingt den Garten umgraben." – Vater und Bruder sind lange tot. Sie selbst kann sich nicht einmal im Zimmer allein bewegen. Da tritt ein alter Landwirt ans Fenster und sagt: „Den Acker dort draußen muss ich morgen pflügen." – Ich erfahre: Sein Acker war in Ostpreußen und er musste ihn 1945 verlassen. Eine Frau, die ihre Kindheit im Rheinland verbracht hatte, klagt darüber, dass man ihr wieder einmal das Apfelkraut gestohlen habe. Eine Witwe behauptet, sie sei nie verheiratet gewesen, und nennt sich mit ihrem Mädchennamen. Ihr Ehering sei nur ein Schmuckstück. Jemand kündigt an: „Gleich kommt meine Mutter." Eine heimatvertriebene Frau will in Löwenberg einkaufen, eine andere muss nach Allenstein auf's Amt. Die ehemalige Schneiderin würde mir gerne eine Hose nähen, wenn sie doch mehr Zeit hätte. Eine Frau will nach Hause, weil sie dass Essen für die Kinder kochen muss.
Der Mensch ist im mittleren Krankheitsstadium zeitlich, räumlich und situativ verwirrt (Grond 2005, S. 47). Die Ordnung, die die Thematik einmal gehabt hat, ist zerbrochen. Was die Zeit anbetrifft: Was der altersverwirrte Mensch im Präsens äußert, ist aus der Vergangenheit in die Gegenwart verlegtes Leben. Manches ist richtig geschildert, aber

falsch datiert. Was das Räumliche betrifft: Manches ist richtig beschrieben, aber falsch lokalisiert, wobei der tatsächliche Ort des Geschehens eine Stätte früheren Aufenthalts ist und die in den Räumen agierenden Personen Wegbegleiter aus der Vergangenheit sind. Der Mensch weiß sich in Räumen, die für uns historisch überholt sind, für ihn aber die aktuelle Umgebung bilden. Was das Situative betrifft: Der Mensch sieht sich von Situationen herausgefordert, die für uns erledigt sind, für ihn aber hier und heute bewältigt werden müssen. Natürlich umgibt ihn auch die gegenwärtige Realität. Diese wird aber im günstigsten Fall als etwas Irrelevantes erlebt, meistens aber als etwas Fremdes, nicht Vertrautes, Verunsicherndes, gar Bedrohliches, was dann zu der häufig zu hörenden Aussage „Ich will nach Hause" führt. Es kommt darauf an, dass wir nicht stehen bleiben bei der Diagnose: ist eben altersverwirrt. Es kommt darauf an, dass wir uns mit derartigen Äußerungen auseinandersetzen, dass wir versuchen zu verstehen, was hier mitgeteilt wird. Dabei gilt als Grundthese: Es gibt keine unsinnigen Äußerungen. Mag das, was der altersverwirrte Mensch mitteilt, mir noch so unsinnig vorkommen – es hat einen Sinn, ja es ist sogar im höchsten Grade sinnträchtig. Äußerungen – auch scheinbar unsinnige – haben verschiedene Aspekte und erschließen verschiedene Sinndimensionen, denen wir nun nachgehen wollen, um angemessene Reaktionsweisen zu finden.

Wenn Menschen sich äußern, so steht oftmals nicht im Vordergrund, dass sie bestimmte Informationen loswerden, Sachverhalte darstellen wollen, dass sie Auskunft geben wollen über das, was ist oder was werden soll. Ludwig Wittgenstein schreibt: "Als ob es nur Eines gäbe, was heißt `von den Dingen reden`, während wir doch das Verschiedenartigste mit unseren Sätzen tun" (2001, S. 28. § 27). Menschen teilen nicht nur etwas über ihre Außenwelt mit, sie geben auch Auskunft über ihre Innenwelt, darüber, wie es um sie psychisch bestellt ist. Sie verweisen auf ihre seelische Lage, die es zu verstehen gilt. Das ist bei altersverwirrten Menschen nicht anders. Ist auch die beschriebene äußere Realität gemessen an einem objektiven Maßstab nicht stimmig, so ist die offenbarte Innenwelt durchaus von Wahrheitsgehalt erfüllt. In dem scheinbar Unsinnigen signalisiert der altersverwirrte Mensch seine Sehnsüchte, seine Enttäuschungen, sein Schulderleben, seine Ängste, Sorgen usw.

Paul Watzlawick (2000) unterscheidet zwischen der analogen und der digitalen Kommunikation. Das Digitale sind die Sachinhalte, von denen die Rede ist, das Analoge sind die emotionalen Botschaften, die mit den Äußerungen gegeben werden. In der Sprechakttheorie von Austin und Searle wird unterschieden zwischen dem propositionalen Akt und dem illokutionären Akt. Im propositionalen Akt teilt der

Sprecher „reine Inhalte" mit, mit dem illokutionären Akt vor allem emotionale Hinweise wie Wünsche, Hoffnungen, Zweifel. Dazu kommt ein perlokutionärer Akt. Er bezieht sich auf den Hörer. Ein perlokutionärer Akt ist gelungen, wenn der Hörer die emotionalen, illokutionären Botschaften aufnimmt und ein angemessenes Anschlussverhalten zeigt (Gross 1988, S. 144ff). Das Perlokutionäre macht damit auch deutlich, dass der Hörer eine Reaktion erwartet. Ansprache hat Appellcharakter. Es ist zu fragen, wie sich bei verwirrten Menschen der emotionale Sinn darstellt und wie wir mit ihm angemessen umgehen.

In der Gesprächspsychotherapie prägte Carl R. Rogers (1987) den Begriff „Empathie". Empathisches Verhalten besagt, dass man die Gefühle des anderen und deren Bedeutung sensibel erfasst, dass man sich in die Gefühlswelt des anderen einfühlt. Gefühle werden verbalisiert. Das Verstehen der Gefühle wird zurückgespiegelt. Nahomi Feil (1992) hat dieses in ihrem Konzept „Validation" auf den Umgang mit verwirrten Menschen übertragen. Validation heißt Wertschätzung. Der Mensch wird mit seinen Gefühlen geschätzt. Seine Gefühle werden akzeptiert, anerkannt, nicht als etwas Unberechtigtes genommen und ausgeredet. Seine Gefühle werden angenommen. Der Mensch wird mit seinen bejahten Gefühlen verstehend, tragend begleitet. In der Resolutions-Therapie von Stokes & Goudie werden verwirrte Äußerungen als Versuch des Kranken verstanden, Gefühle auszudrücken und sie mit einem subjektiven Sinn zu versehen. Es kommt darauf an, dieses zu akzeptieren und durch das Verbalisieren der Erlebnisinhalte ein Verstehen zum Ausdruck zu bringen (Weis/ Weber 1997, S. 1163 f.).

Wir stellen die im Hintergrund stehenden Gefühle heraus, spiegeln sie, zum Beispiel:

| | |
|---|---|
| „Gleich kommt meine Mutter" | – „Sie **sehnen** sich danach, dass Ihre Mutter noch einmal kommt" (Grond 2003, S. 180 f.) |
| „Vater mag das gar nicht" | – „Sie haben **Angst**, dass ihr Vater böse wird" |
| „Die Pferde wiehern schon" | – „Sie machen sich **Sorgen** um die Tiere" |
| „Ich habe Emma gehauen" | – „Sie fühlen sich **schuldig**" |
| „Ich hab einen lieben Bruder" | – „Sie **freuen** sich über Ihren Bruder" |

Es empfiehlt sich, die emotionalen Begrifflichkeiten sprachlich besonders zu betonen. Nicht immer trifft man auf Anhieb die vorhandene Befindlichkeit. Man wird es dann mit verschiedenen Spiegelungen versuchen. Nicht wertschätzend, unempathisch wäre, darauf hinzuweisen, dass Mutter, Vater oder Bruder längst tot sind oder dass der Hof mit den Pferden längst der Vergangenheit angehört. In der Welt des dementen Menschen ist das alles noch existent und seine Gefühle sind von daher berechtigt. Durch eine solche Umgangsweise fühlt sich der verwirrte Mensch in seiner emotionalen Befindlichkeit verstanden, in seinem gefühlsmäßigen Sosein akzeptiert. Es geht dabei nicht nur darum, positive Gefühle zu verstärken. Auch im Negativen möchte der Mensch verstanden werden, dort erst recht, weil erfahrungsgemäß das Negative mehr und nachhaltiger bewegt als das Positive.

*b) Narrativer Umgang mit verwirrten Äußerungen*
Altersverwirrte Menschen sprechen nun aber auch von etwas und über etwas. Ihre Äußerungen haben einen bestimmten sachlichen Inhalt, eine bestimmte Thematik.
Es sind oftmals brennende Themen, was schon daran erkennbar ist, dass sie häufig immer wieder zur Sprache kommen. Nichts von all dem ist erfunden, „ersponnen". Die Krankheit des altersverwirrten Menschen produziert keine neuen, vorher nie da gewesene Themen. Alles ist verankert in tatsächlichen Erlebnishintergründen. Was für uns als Tatsache der Vergangenheit erscheint, ist für den Kranken weiterhin gegenwärtige Tatsache. Corry F. M. Bosch (1998, S. 55 ff.) hat in einer Untersuchung festgestellt, dass demente Frauen vorwiegend von häuslichen Dingen reden. Sie müssen der Mutter helfen, die Geschwister versorgen, nähen, abwaschen, kochen. Demente Männer erzählen von Verpflichtungen außer Haus in der Fabrik, im Stall, auf dem Acker oder im Verein.
Ernst nehmen heißt nicht nur, die Sprache als Träger von Emotionen zu betrachten, sondern auch von Informationen. Altersverwirrte Menschen kommunizieren im Sinne von Watzlawick nicht nur analog, sondern auch digital. Sie vollziehen im Sinne der Sprechakttheorie von Austin und Searle nicht nur einen illokutionären, sondern auch einen propositionalen Akt. Wie wird man dem gerecht? Ganz einfach, man lässt die Menschen erzählen, narrativ tätig werden. Man gibt zur Erzählung einladende Impulse.

Zum Beispiel:

Heute Abend kommt meine Mutter – Erzählen Sie von ihrer **Mutter**!
Ich muss die Pferde füttern – Was fressen Ihre **Pferde**?
Ich will nach Hause – Wo ist Ihr zu **Hause**?

Ich muss Essen kochen – Was möchten Sie **kochen**?
Das Kleid muss fertig werden – Was ist das für ein **Kleid**?

Im mittleren Stadium der Demenz hat der Mensch verstärkt Benennungsschwierigkeiten. Er hat Probleme, das, was er erzählen möchte, auf Begriffe zu bringen. Hier wird man wie im frühen Stadium Findungshilfen geben. Untersuchungen haben ergeben, dass die Benennungsleistung gefördert wird, wenn Funktionen von Personen und Dingen herausgestellt werden (Weis/Weber 1997, S. 948).
Zum Beispiel:

| Die die ... – die **grasen** | – ja, die Pferde grasen |
| Der der ... – der **melkt** | – der Schweizer melkt |
| Der der ... – der **beißt** | – der Hund beißt |
| Das das ... – es **kocht** | – das Essen kocht |

Wenn ein Gespräch ins Stocken geraten ist, weil der Faden gerissen ist oder wenn der Gesprächspartner auf themenfremde Gebiete abschweift, kann es sinnvoll sein, dass Gespräch durch einen Ein-Wort-Stimulus wieder in Gang zu bringen oder das Gespräch wieder „auf den Punkt" zu bringen. Wir lösen zentrale Wörter, Kernbegriffe von thematischer Relevanz, aus der vorangegangenen Erzählung des Gesprächspartners heraus und konfrontieren ihn – eventuell wiederholt – damit, zum Beispiel: Pferde, Kleid, Konfirmation, Taufe usw.

Ein dementer Mensch macht sich keine Gedanken darüber, ob ich seine Äußerungen verstehen kann. Deshalb muss ich mir bei ihm oft Verstehenshilfe holen. Ist eine Äußerung unklar, so werde ich nachfragen. ?.X. ? Was ist das? Unklare Äußerungen können auch den Grund bei mir haben. Bestimmte Begrifflichkeiten kommen in meiner Welt und Sprache nicht vor. Was ist ein „Stellmacher" oder ein „Schweizer"? Ich habe gelernt, dass „Küssebern" Bettbezüge sind. Der Landwirt zum Beispiel hieß früher Bauer. Bei ihm beschäftigt waren Knechte und Mägde. Das Mädchen, das im Haushalt beschäftigt wurde, ging in Stellung. Der Bürgermeister hieß vielerorts Gemeindevorsteher. Problematisch kann es werden, wenn jemand nur Dialekt spricht. Es kann sein, dass die hochdeutsche Sprache vergessen wurde und der Mensch nur noch die in Kindheit und Jugend verwendete Mundart beherrscht. Eventuell werde ich jemanden vermitteln, der in diesem Sprachraum zu Hause ist.
Stellt sich das Gespräch als ein zielloses Geplauder dar, so kann man versuchen, ein Thema zu finden, das den Gesprächspartner reizen könnte. Dieses kann geschehen mit Hilfe von Karten, auf die

bestimmte relevante Begriffe groß auf weißen Untergrund geschrieben werden, möglichst mit „deutschen" Schriftzeichen. Es kann nützlich sein, wenn man eine Sammlung von Begriffskarten mit immer wieder brauchbaren Begriffen bei sich hat. Nach Themenbereichen geordnet, könnte eine Sammlung wie folgt aussehen.

Zum Beispiel:

Themenbereich **„Familie"**:
Großmutter, Großvater, Vater, Mutter, Geschwister, Bruder, Schwester, Nachbarn, Elternhaus.

Themenbereich **„Freizeit"**:
Spielen, Tanzen, Schützenfest, Puppe, Schaukelpferd, Puppenstube, ausgehen.

Themenbereich **„Arbeit"**:
aufs Feld gehen, Dreschflegel, Magd, Knecht, in Stellung gehen, Handwerksgeselle.

Themenbereich **„Schule"**:
Schulmeister, Tafel, lesen, schreiben, rechnen, turnen, singen, biblische Geschichte.

Themenbereich **„Kirche"**:
Pastor, Lieder, Sprüche, Katechismus, Gott, Jesus, beten, Ewigkeit, Bibel, Vergebung, Konfirmation.

Die Lesefähigkeit ist im mittleren Stadium noch vorhanden (Kurz 2002, S. 170), zumindest noch für einzelne Worte (Weis/Weber 1997, S. 945 f.). Wenn die Begriffe konkret und auf die Lebenswelt des Dementen bezogen sind, können sie als Erzählauslöser wirksam werden. Man lässt sie lesen oder liest vor und weist mit dem Finger immer wieder darauf hin. Natürlich hat man nicht für jede Gesprächssituation eine vorbereitete Karte. Deshalb empfiehlt es sich, Blankokarten zu haben, die man vor Ort situationsentsprechend beschriften kann.
Es kann sein, dass der demente Mensch in seinem aktiven Sprachvermögen auf eine Ein-Wort-Kommunikation beschränkt ist, nur noch einzelne Wörter spricht. Sein passives Sprachvermögen ist aber noch voll intakt; er versteht noch alles. Es gilt dann, die einzelnen Wörter aufzunehmen und erzählend zu umkreisen. Das setzt natürlich biografische Kenntnisse voraus, die wir in das Gespräch eingeben können.

Zum Beispiel:
Mein Gesprächspartner äußert mit einem Lächeln auf dem Gesicht „Pastor": Aus der Biografie ist mir zu diesem Stichwort einiges

bekannt. Ich erwidere: Der hat Sie konfirmiert. Pastor Heißmeyer war das. In der Marktkirche. In Hameln. Hat Ihnen einen Spruch gegeben „Bittet und ihr werdet empfangen". Meine Gesprächspartnerin äußert „Gerda". Ich erwidere: Sie sind mit ihr zur Schule gegangen. Sie sind zusammen konfirmiert worden. Sie haben zusammen gespielt.

Bei einem Besuch werden Blumen überreicht. Unser Gesprächspartner strahlt und äußert „Rosen". Man könnte das Wort aufnehmen und umkreisen: Rosen, von Rosen haben Sie erzählt, in ihrem Garten, vor dem Elternhaus. Ihr Vater hat sie gezüchtet.

Wichtig ist, dass die Sätze, die ich bilde, kurz sind. Auch sollte man nicht zuviel auf einmal erzählen. Immer wieder Pause machen, das Gesagte langsam ankommen lassen, sich der Relevanz vergewissern.

Ein weiterer Fall: Der Gesprächspartner ist nur noch in der Lage, einzelne Wörter aufzunehmen. Er spricht auch nur noch einzelne Wörter. Auch hier ist noch Gespräch möglich. Es kann wechselseitig zu einer Ein-Wort-Kommunikation kommen, durch das *Austauschen einzelner Wörter*. Wir nehmen Wörter auf und geben sie zurück, oder wir geben von uns aus einzelne Wörter ins Gespräch.

Zum Beispiel kann es dabei zu folgenden Gesprächsabläufen kommen:
Manchmal wird mein zugesprochenes Wort wiederholt; es kommt zu einem Echo:

zu Hause   –   „zu Hause"
Heidi   –   „Heidi".

Manchmal werden Interjektionen hinzugefügt; es kommt zu einer deutlich spürbaren emotionalen Färbung:

Kinder   –   „Oh, ja Kinder"
Äpfel   –   „Ach, Äpfel".

Manchmal wird ein Wort hinzugefügt; es kommt zu einer leichten Ausweitung:

zu Hause   –   „zu Hause, Ostpreußen"
Gerda   –   „Gerda, Schwester".

Manchmal kommt es zu einer bewertenden Ergänzung:

Gott   –   „Gott, hilft"
Jesus   –   „Jesus, Heiland".

Solche erwiderten Einzelbegriffe sind oft holophrastisch, ganzheitlich, stehen für eine Geschichte, die im Hintergrund schwingt, auch wenn sie nicht voll zur sprachlichen Entfaltung kommt. Auch bei dieser Form des Gesprächsverhaltens ist natürlich immer zu bedenken, dass es nie zu einem Bedrängen kommen darf. Sie muss als Hilfe erlebt werden. Es ist stets auf bejahende oder abweisende Signale zu achten.

Wichtig ist bei all dem, dass wir dicht dran sind an der jetzt bewegenden Lebenswelt. Barbara Romero (1997, 2004) hat für den Umgang mit dementen Menschen, speziell für Menschen, die an einer Alzheimer-Krankheit leiden, das Konzept der Selbst-Erhaltungs-Therapie (SET) entwickelt. Erhalten werden soll das „personale Selbst", das, was für den Einzelnen relevant gewesen ist und noch relevant ist. Gefragt ist „selbstbezogenes Wissen, von Bedeutung ist „selbstnahes Wissen"; Wissen meint hier nicht nur Faktenwissen oder erlernbarer Stoff, sondern auch das Wissen um Ereignisse, um Geschichten, die erlebt wurden, episodisches Wissen. Im mittleren Stadium der Demenz reduziert sich das Selbst auf das persönliche Altgedächtnis. Weitergreifende zeitgeschichtlich oder dorf- und stadtgeschichtliche Ereignisse verlieren an Bedeutung. In seinen Gedanken ist der demente Mensch in seiner unmittelbaren Umgebung. Er ist zu Hause. Schon die Erlaubnis zum Erzählen, die Einladung zum Erzählen vermittelt dem verwirrten Menschen das Gefühl, in der Welt, in der er sich aufhält, akzeptiert zu werden.

Bisweilen sind die entstehenden Geschichten nicht nur fröhliche Geschichten. Das Leben eines Menschen ist nicht nur von frohen Momenten und Phasen bestimmt. Es gibt immer auch das Traurige, wenn auch bei den einzelnen Menschen in unterschiedlichem Grade. Lachen und Weinen gehören zusammen. Auch demente alte Menschen, die sich in ihrer Welt bewegen, werden mit Leidensgeschichten konfrontiert, mit der Mutter, die früh starb, mit der Stiefmutter, die sich mehr um die eigenen mitgebrachten Kinder kümmerte als um die verwaisten Kinder, mit dem geliebten Bruder, der schon mit fünf Jahren starb. Weinen wird oft als Misserfolg in der Kommunikation gewertet, als das Resultat eines falschen Verhaltens mit der Konsequenz, dass man schnell von dem wunden Punkt weggehen will und in Zukunft diesen Themenbereich meidet. In Wirklichkeit signalisiert Weinen ein Bedürfnis. Daniela Flemming (2003, S. 90f.) rät: „Sollten Sie...Gefühle geweckt haben..., Verzweiflung vielleicht, Tränen, Hoffnungslosigkeit...Nehmen Sie ... dieses Gefühl nicht weg, reden Sie es ... nicht klein und nicht aus." Weinen wirkt wie eine Katharsis, wie eine innere Reinigung. Ist sie geschehen, so geht es einem dementen Menschen besser, wie das ja auch bei uns der Fall ist. Unter Tränen erzählte Geschichten sind Entlastungsgeschichten. Sie können auch verhindern, dass zu der Demenz noch eine depressive Verstimmung kommt.

Durch das Erzählen wird dem Menschen gestattet, sich seine Welt in Freud und Leid zu entfalten, sie vor mir zur Darstellung zu bringen. Ist der reale Vollzug der Handlungen auch nicht mehr möglich, so können sie wenigstens mental vollzogen und nacherlebt werden. Die Erzählung wird zur Ersatzhandlung, zu einem Ersatzerleben. So etwas kennen auch wir. Durch solche narrativen Ersatzerlebnisse werden verwirrte Menschen dann oft auch davon abgehalten, irgendwo hin zu streben. Sie sind ja nun bei ihrer Sache und finden darin Befriedigung. Das schließt natürlich nicht aus, dass man überlegt, ob nicht auch reale äquivalente Handlungen ermöglicht werden können. Man kann verwirrte Menschen an der Küchenarbeit beteiligen, im Garten mittun lassen oder die Wäsche zusammen legen lassen.

Wir haben zwei Umgangsweisen mit verwirrten Äußerungen beschrieben: das Verbalisieren von Gefühlen und das Anregen von Geschichten. Im Laufe des Gesprächs wird häufig beides zusammenkommen. Wo der sinnvolle erste Ansatzpunkt ist, wird man herausfinden müssen. Äußert etwa jemand „Ich will nach Hause" auf Nachfrage „nach Hamburg in die Georgstraße", so legt sich ein Erzählanstoß nahe. Äußert jemand auf Nachfrage „es ist so kalt hier", so wird man ein Gefühl verbalisieren, dieses sicher auch, wenn präzisiert wird „ins Haus meines himmlischen Vaters".

Aus dem bisher Gesagten dürfte deutlich geworden sein, dass es nicht um ein Mitspielen geht. Diese „Mitspieltheorie" ist oft zu hören: „Man muss mitspielen, dann sind sie zufrieden". Wer mitspielt, bietet sich an beim Hühner füttern zu helfen, wünscht sich ein Kleid von der alten Näherin, möchte auch mal mit zum Turnerfest oder will der Mutter Bescheid sagen, dass sie bald einmal vorbeikommt. Hier geht es darum, dass ich dem dementen Menschen ermögliche, seine Welt vor mir zu entfalten, ohne dass ich selbst eine Rolle in dieser Welt einnehme. Seine Lebenswelt bleibt ein Gegenüber; ich trete nicht in sie ein. Alles andere ist unecht. Die Frage der Echtheit ist nicht nur eine ethische Frage im Sinne von Ehrlichkeit und Wahrhaftigkeit. Echtheit ist auch von psychologischer Bedeutung. Wer unecht ist, setzt die Beziehung aufs Spiel, zerstört Vertrauen. Meine Unechtheit wird entlarvt durch mein nonverbales und paraverbales Verhalten, das die Inkongruenz zwischen Denken und Sagen zur Schau stellt, hörbar macht, spüren lässt. Für solche Signale ist der demente Mensch besonders sensibel. Er kann uns zwar nicht argumentativ überführen, wohl aber nach innen durch Resignation und nach außen durch Distanzverhalten reagieren.

## c) Umgang mit psychotischen Ideen

Ab dem mittleren Stadium der Demenz treten häufig psychotische Erscheinungen auf. Bisweilen haben wir es mit einer Erscheinung zu tun, die der Psychiater *„illusionäre Verkennung"* nennt: Sie treten bei 20 – 25% der dementen Menschen auf (Weis/Weber 1997, S. 916). Der Mensch sieht etwas, aber interpretiert es falsch. Er betrachtet sich im Spiegel, aber hält die Person für eine andere (mirror-sign). Weil eine alte Frau sich selbst noch für jung hält, meint sie, die alte Frau im Spiegel müsse ihre Mutter sein. Man nimmt an, dass fremde Personen im Haus sind (Phantom-boarder-Sydrom) . Darstellungen im Fernsehen werden als real angesehen (TV-Sign). Angehörige werden nicht als solche erkannt (Capgras-Syndrom). Auch kommt es vor, dass Fremde für Angehörige gehalten werden. Frau L. hält die Pastorin für ihre Tochter.

Verkennungen haben ihre Ursache darin, dass das, was verkannt wird, in der vergangenheitsorientierten Welt so nicht existent ist. Dort gibt es eben keinen Fernsehapparat. Dort sehen Angehörige anders aus. Damals sah der Mensch selbst auch noch anders aus. Damals gab es auch noch keine Pastorinnen. Der demente Mensch interpretiert seine Wahrnehmungen so, dass sie für ihn sinnvoll in seine Welt passen. Er deutet sie um, damit sie in seine vertrauten, vergangenen Erlebnisse passen. Der Film im Fernsehen muss ein reales Ereignis sein. Die junge Pastorin wird wohl die Tochter sein. Wen man nicht einordnen kann, der muss wohl ein Fremder sein.

Die Frage ist: Wie gehe ich mit solchen Verkennungen um? Nicht auf jede Verkennung muss man reagieren. Manches wird man einfach stehen lassen. Ein als real gesehener Liebesfilm im Fernsehen wird man einfach genießen lassen. Selbst wenn sich ein verwirrter Mensch entrüstet, weil die sich in aller Öffentlichkeit küssen, wird man nicht reagieren. Das hat einfach eine Passung zu der Moralvorstellung des Menschen. Wird im Fernsehen geschossen, so wird man praktisch reagieren und den Apparat ausschalten. Manche Verkennungen sind positiv zu werten. Wenn jemand fälschlich für die Tochter gehalten wird, so wird man das als Ausdruck einer positiven Beziehung werten, keineswegs korrigieren, sondern sich darüber freuen. Ist die Verkennung hingegen angstbesetzt, so wird man sich behütend zu dem Menschen wenden, indem man etwa den Arm um ihn legt und beruhigend, aber nicht ausredend  mit ihm spricht.

Eine weitere Erscheinung ist die *Wahnbildung*, die als eigenständiges Krankheitsbild und als Begleitsymptom der Demenz auftreten kann (Depping 1992, S. 22 ff.). Von der Verkennung unterscheidet sich die Wahnidee vor allem dadurch, dass da objektiv nichts ist. Der kranke Mensch hat vor allem Bestehlungsideen, Verfolgungsideen oder Vergiftungsideen. Die Art des Wahn und ihre Häufigkeit ist bei den Demenzen verschieden. Alzheimerkranke zeigen vor allem Wahnphänomene mit Bestehlungs- und Beeinträchtigungsthemen (Weis / Weber 1997, S. 15). Solche Wahnwahrnehmungen haben stets Eigenbeziehungen, beziehen sich stets auf den Wähnenden selbst, nicht auf andere Menschen. Sie werden als das Selbst bedrohend erlebt, lösen Angst aus. Wahnphänomene sind hirnorganisch bedingt. Ihre inhaltliche Ausgestaltung ergibt sich allerdings aus Generationserfahrungen. Die jetzt alten Menschen haben bedingt durch Inflation, Krieg und Flucht eine Reihe von Beraubungen und Beeinträchtigungen erlebt, was sie diesbezüglich wahnanfällig macht.

Oftmals kommen zum wahnhaften Erleben noch *Halluzinationen* hinzu. Der Mensch hat Sinnestäuschungen, Trugwahrnehmungen. Diese können grundsätzlich über alle Sinneskanäle ablaufen. Alzheimerkranke haben vor allem akustische und optische Trugwahrnehmungen. Bei der Lewi-Körper-Krankheit treten vorwiegend optische Halluzinationen mit bewegten und detaillierten Bildern auf (Weis/Weber 1997, S. 916, 634). Andere Kranke haben auch olfaktorische, taktile oder gustatorische Sinnestäuschungen. Man spricht von akustischen Halluzinationen, wenn der Mensch Stimmen hört, die kein anderer wahrnehmen kann. In der optischen Halluzination werden oftmals bedrohliche Menschen oder Tiere gesehen. Manche haben Geschmacks- oder Geruchshalluzinationen, schmecken oder riechen etwas, das andere nicht wahrnehmen können. In der taktilen Halluzination treten Körpergefühle auf. Jemand hat das Gefühl, dass sich Ungeziefer auf seiner Haut tummelt.

Halluzinationen müssen nicht unbedingt ausschließlich hirnorganische Ursachen haben. Sie können auch verursacht sein durch Sehstörungen, Hörprobleme oder durch Juckreize der Haut. Bisweilen schwingen bei Halluzinationen biografische Faktoren mit. Wenn Frauen Männer im Raum sehen, die sich sogar zu ihnen ins Bett legen, so kann eine strenge Sexualerziehung mitspielen. Bisweilen sind die damit verbundenen Gefühle aber auch ambivalent. Da ist nicht nur Bedrohung, sondern auch das stolze Erleben: Ich bin noch begehrt. Bei Vergiftungswahn können neuere Lebensmittel eine Rolle spielen, die im Altgedächtnis nicht vorkommen.

Auch Wahnbildungen und Halluzinationen sollten nicht bestätigt werden. Bestätigen heißt auch hier: unecht sein. Auch die Korrektur ist nicht angezeigt, da sie aussichtslos ist. Wahnideen und Halluzinationen „sind unkorrigierbare Gewissheiten". Belehrungen haben keine Chance. Der Kranke kann sie nicht annehmen. Sinnvoll ist auch hier, die Emotionen zu verbalisieren, um auf diese Weise dem

Gesprächspartner zu zeigen, dass man ihn versteht und ihm signalisiert: Ich bin in deiner Angst bei dir. Gefragt ist hier nicht der Heiler, der das Leiden argumentativ kuriert, sondern der Beistand. Sieht jemand eine Schlange, so wäre es falsch zu sagen „Da ist keine Schlange". Richtig wäre „Sie haben Angst" (Grond 2005, S. 108). Meint jemand, bestohlen zu sein, so könnte man sinnvoll reagieren: „Sie sind sehr aufgeregt", „Sie sind sehr beunruhigt", „Sie sind sehr wütend". Keinesfalls wird man sich auf eine Diskussion darüber einlassen, ob denn Schwester Gerda das Geld wirklich gestohlen hat. Nancy L. Mace (2001, S. 205) empfiehlt als Reaktion auf eine akustische Halluzination: „Ich höre zwar die Stimme nicht, die du wahrnimmst, aber es muss für dich sehr erschreckend sein." Die Reaktion trifft angemessen die Sachlage, dürfte aber sprachlich zu kompliziert sein. Einfacher und sicher eher erreichend wäre: „Du bist sehr erschrocken". Wird die Situation unerträglich, so hilft als eine barmherzige „Notbremse" sehr häufig die Ablenkung.

Aus dem bisher Gesagten dürfte deutlich geworden sein, dass es bei verwirrten Äußerungen ganz gleich welcher Art keinesfalls darum geht, die Aussagen zu korrigieren, zu versuchen, den Menschen wieder in die objektive Realität zu „liften". Viele Jahre hat man dieses für sinnvoll gehalten. Man nannte das Realitätsorientierungstraining oder gar Realitätsorientierungstherapie (ROT). Dieses Verfahren hat an Bedeutung verloren. Heute ist weitgehend anerkannt, dass der verwirrte Mensch in seiner Welt mit seinen Gefühlen und Geschichten zu akzeptieren und zu begleiten ist. Sinnvoll kann ROT bestenfalls im Anfangsstadium der Demenz sein, wenn der Mensch noch „ein Wanderer zwischen den Welten" ist. Wenn Realitätsorientierung ansonsten sinnvoll sein soll, dann in einer noch ganz anderen Realität. Diese wird geradezu sichtbar an den Kirchen und an den Gräbern vieler Friedhöfe, die in West-Ost-Richtung angelegt sind. Orientierung in der Ursprungsbedeutung heißt Ausrichtung auf den Orient, heißt sich nach dort ausrichten, wo Jesus Christus gewirkt hat, und auf das ausrichten, was Gott in ihm offenbart hat. Von dort kommt das Licht, scheint die „Sonne der Gerechtigkeit". Goethe dichtete: „Gottes ist der Orient! Gottes ist der Okzident! Nord- und südliches Gelände ruht im Frieden seiner Hände."

## 2. Spezielle Wege und Mittel der geistlichen Orientierung

### a) Glaubensgeschichten

Auch in diesem Stadium lassen sich noch *biblische Geschichten* einsetzen. Das passive Sprachvermögen ist noch vorhanden. Man wird sie in diesem Stadium aber nicht mehr vorlesen, sondern erzählen. Die Aufmerksamkeit und Konzentrationsfähigkeit sind weiter reduziert. Eine erzählte Geschichte reizt mehr zum Zuhören als eine vorgelesene Geschichte. Der Kontakt ist unmittelbarer, weil der Erzähler befreit vom Textkontakt sich optisch direkt an den Zuhörer wenden kann. Zudem ist es nötig, die biblische Geschichte sprachlich zu modifizieren, auf einfache, kurze Hauptsätze zu bringen. Nebenhandlungen wird man auslassen, die Kernhandlung darstellen, weil der Mensch mehrere Aspekte nicht mehr verarbeiten kann. Man wird zielstrebig erzählen. Da der demente Mensch sich in diesem Stadium ausschließlich im Präsentischen bewegt, wird man die Geschichte ins Präsens umsetzen. Zwar ist in diesem Stadium vermehrt mit Verstehensschwierigkeiten zu rechnen. Diese dürften aber relativ gering sein, wenn Szenen dargestellt werden, die einen gewissen Anhalt an der Vorstellungswelt der dementen Menschen haben.

zum Bespiel (nach Johannes 6, 16 – 21):

*Die Jünger Jesu sitzen im Boot.*
*Es ist stürmisch. Das Meer wütet. Es ist dunkel.*
*Die Jünger sind allein. Sie haben Angst. Sie haben große Angst.*
*Auf einmal kommt Jesus. Er redet mit ihnen.*
*Er sagt: „Fürchtet euch nicht, Fürchtet euch nicht"*
*Sogleich fühlen die Jünger sich wieder sicher.*

Natürlich wird man Geschichten erzählen, die einen Bezug haben zur Lebensproblematik des jeweiligen Menschen. In diesem Fall geht es um das Erleben von Dunkelheit, sich allein fühlen, Angst haben, um das Bedürfnis nach Hoffnung, Furchtlosigkeit, Sicherheit, wie es demente Menschen oft erleben. Weiterhin wird man Geschichten nehmen, von denen vermutet werden kann, dass sie im Altgedächtnis der dementen Menschen vorkommen. Wie Kinder in einem frühen Stadium ihrer Glaubensentwicklung nehmen demente Menschen in diesem Stadium solche Geschichten nicht als noch interpretationsbedürftige, problematisierbare Geschichten, sondern als wahr, wie es die Erzählung darstellt. Sie nehmen sie als real, wie sie auch Darstellungen im Fernsehen als hier und jetzt und unmittelbar bei uns ablaufende Geschehnisse nehmen.

Rose Götte (1997, S. 43) schreibt: „Alte, lustige Geschichten, die Mutter uns, als wir klein waren, immer wieder erzählen musste, bekommt sie nun im eigenen Wortlaut zurück. Sie erinnert sich und freut sich."
Edda Klessmann (2006, S. 37) machte die Erfahrung: „Die Mimik der Kranken lässt erkennen, dass im Wiedererzählen der alten Geschichten deren emotionaler Gehalt nachempfunden wird." Auch wenn hier wohl nicht von biblischen Geschichten die Rede ist, so besteht kein Grund,

die gemachten Erfahrungen nicht auch auf solche Geschichten zu beziehen. Isidor Baumgarten (1990, S. 565ff) weist biblischen Glaubensgeschichten folgende „heilende" Funktionen zu: Sie sprechen aus der Seele, sie entlassen in die Freiheit, sie geben Hoffnung.

Glaubensgeschichten sind aber nicht nur Geschichten aus der Bibel. Glaubensgeschichten können auch Geschichten aus dem eigenen Leben sein, Geschichten, die von Alltagserfahrungen erzählen, die in irgendeiner Weise mit dem Wort Gottes in Verbindung stehen. Bisweilen kann der demente Mensch sie in diesem Stadium nicht mehr selbst erzählen. Aber vielleicht sind sie uns aus früheren Gesprächen bekannt. Bisweilen berichten Angehörige: Vater/Mutter hat immer erzählt... Sind uns solche Geschichten bekannt, so kann man dem dementen Menschen seine eigenen Geschichten als *gespiegelte religiöse Erlebnisgeschichten* erzählen und somit wieder vergegenwärtigen. Bei solchen Geschichten sollte man eine einfache Erzählstruktur verwenden.

Hans Hörmann (1991, S. 91f.) führt als Ergebnis psycholinguistischer Forschung Regeln für einfache Erzählungen an. Erzählungen werden dann besonders gut aufgenommen, wenn sie einem bestimmten hierarchischen Schema folgen. Dieses für unsere Zielgruppe von Differenzierungsmöglichkeiten befreite Schema hat folgende aufeinanderfolgende Elemente:

– Setting: Ort, Zeit, Hauptpersonen (S)
– Thema (T)
– Handlung (H)
– Ergebnis (E)

Drei Beispiele für ganz einfache Erzählung seien gegeben. Man wird vor Ort herausfinden, inwieweit eine Erweiterung möglich ist.

S: X-dorf, Palmarum 1922. Sie
T: wurden konfirmiert.
H: Der Pastor hat Ihnen die Hände aufgelegt.
E: Sie empfingen den Segen.

S: Abends, zu Hause, Mutter
T: hat alle zu Bett gebracht.
H: Sie hat die Hände gefaltet.
E: „Müde bin ich, geh' zur Ruh", haben alle gebetet.

S: Erntedankfest in X-dorf. Das ganze Dorf
T: hat gefeiert.
H: Sie haben die Posaune geblasen.
E: Alle haben mitgesungen: „Nun danket alle Gott!"

Solche Geschichten sind besonders selbstnah, weil sie sich auf eigenes Erleben beziehen, eine Nähe zum persönlichen Altgedächtnis haben. Demente Menschen in diesem Stadium bevorzugen Ich-Geschichten, weniger Er-Sie-Es-Die-Geschichten. Demente Menschen werden mehr und mehr ego-zentrisch. Erlebnisse von anderen sind für sie nicht mehr relevant, es sei denn sie sind darin unmittelbar verstrickt.

*b) Das empathische Bild*

Mit dem Einsatz von Bildern haben wir uns schon im frühen Stadium der Demenz beschäftigt. Bilder bewirken, dass Vertrautes wiedererkannt wird, dass Erinnerungen geweckt wurden, die dann Geschichten auslösen. Im mittleren Stadium der Demenz kommt es bei der Alzheimerkrankheit häufig zu visueller Agnosie. Der Mensch kann Objekte und Personen nicht wiedererkennen (Weis / Weber 1997, S. 904). Dennoch hat das Arbeiten mit Bildern hier einen Sinn, wenn die Bilder von besonderer Art sind. Es handelt sich um Bilder, die nicht nur etwas aussagen, sondern auch etwas ausstrahlen. Bilder, die eine besondere Stimmung einfangen, wirken stimmungsübertragend, stecken an, wirken als ein empathisches Gegenüber. In der Psychologie spricht man auch von einer emotionskongruenten Wirkungsweise. „Wenn in einem Bild menschliche Gestalten dargestellt werden, wird sich ein Beobachter in sie einfühlen können; dass heißt, er wird diese Gefühle ...teilen" (Argyle 2005, S. 364). Positiv stimulierend sind vor allem Bilder, die Gestalten mit lächelnden oder lachenden Gesichtern darstellen. Derartiges kennen wir sicher auch aus eigener Erfahrung. Wir lächeln, wenn wir angelächelt werden. Mit lächelnden Gesichtern arbeitet auch die Werbung. Alle möglichen Gegenstände werden mit lachenden Gesichtern versehen, von der Tasse bis zum Klodeckel.

Solche Wahrnehmungen und Übertragungen bedürfen nicht des kognitiven Apparates. Sie wirken präkognitiv. Man spricht auch von einem intuitiven Denken. Dieses Denken passiert unbewusst, nicht logisch-diskursiv. Es geschieht ein unmittelbares Gewahrwerden von Wesenheiten durch die pure Anschauung. Die Neurowissenschaft geht davon aus, dass es zwei optische Wahrnehmungswege im Gehirn gibt: „low road" und „high road". „High road" vollzieht sich als kognitiver Prozess; das Bild wird denkerisch durchdrungen. „Low road" klassifiziert nach den schaubaren Emotionen danach, ob sie Angst oder Freude darstellen (Müsseler / Prinz 2007, S. 375). Man darf vermuten, dass bei dementen Menschen dieses Stadiums high road nicht mehr funktioniert, wohl aber low road.

Erfahrungen und Untersuchungen belegen, dass die Wahrnehmung von fröhlichen Gesichtern aktivierungssteigernd wirkt, zu schnelleren Bewegungen führt, die Wahrnehmung von traurigen Gesichtern hingegen zu einer Verlangsamung der Bewegung (Müsseler / Prinz 2002, S. 371). Man wird daher Bilder mit lächelnden oder lachenden Gesichtern sammeln und sie an geeigneten Stellen des Gesprächs einsetzen. Unter religiösen Gesichtspunkten wird man auf gesichtsbetonte Bilder zurückgreifen, die etwas von der Freude des Evangeliums ausstrahlen. In den Darstellungen von Julius Schnorr von Carolsfeld (1997) lächeln der Verkündigungsengel (S. 179), die Hirten (S. 180) und die Weisen an der Krippe (S. 183) als Reaktion auf die frohe Botschaft. Engelsbilder sind besonders geeignet, weil sie in der Geschichte der älteren Menschen eine besondere Rolle spielen. Aber nicht alle Engel lächeln. Schön lächelnde Engel habe ich im Dom zu Magdeburg gesehen. In Kunstbänden wird man sicherlich weitere finden und auch sonstige biblische Gestalten, die lächeln. Im Psalm 17,15 spricht ein Beter: „Ich will satt werden an deinem Bilde". Auch wenn hier kein Gemälde gemeint ist, so weist dieses Wort doch darauf ihn, das die Herrlichkeit Gottes auch über den optischen Kanal zugänglich ist.

*c) Musische Begleitung*

Musische Begleitung geschieht durch Musik und Poesie. Mit Hilfe der Musik- und Poesietherapie wird versucht, Menschen in Problemlagen zu unterstützen. Musiktherapeutische Interventionen werden auch in der Begleitung dementer Menschen eingesetzt. Auch der Einsatz von Poesie ist bei dementen Menschen sinnvoll. Poesie und Musik kommen in den Kirchenliedern unmittelbar zusammen. Kirchenlieder sind vertonte Gedichte. Sie haben im Altgedächtnis der dementen Menschen zahlreich ihren Platz. Die Erfahrung zeigt, dass das sprachliche Textvermögen bei Liedern länger erhalten bleibt als das übrige Sprachvermögen. Lili Feldmann (1992, S. 57) berichtet von dementen Menschen: „Sie verlieren die Fähigkeit zu sprechen...aber beim Singen kommen die Texte der Lieder über ihre Lippen". Selbst wenn die Texte verloren gegangen sind, bleibt die Melodie erhalten. „Mutters Melodien-Gedächtnis funktionierte noch ausgezeichnet (Götte 1997, S. 131). Die Melodie wird gesummt oder durch „la, la, la" ausgeführt. Im mittleren Stadium ist kein Verständnis mehr für die inhaltliche Aussage der Gedichte vorhanden. Auch lösen sie nur noch bisweilen Assoziationen zu Ereignissen aus, die mit den Liedern in Zusammenhang stehen. Das vertonte Gedicht, das Lied, ist in diesem Stadium in erster Linie ein Mittel der emotionalen Begleitung. Im Gesangbuch findet man Lieder aus unterschiedlichen Epochen. Sie sind von recht unterschiedlicher emotionaler Ausstrahlung. Lieder mit einer besonderen „gefühlhaften Ausweitung" dichteten und vertonten unter anderen Friedrich von Spee, Johann Scheffler, Johann Rist, Paul Gerhard sowie die Pietisten Gottfried Arnold, Gerhard Tersteegen und Nikolaus Ludwig von Zinsendorf (Günther und Irmgard Schweikle 1990, S. 268).

Im Folgenden werden einige Lieder der genannten Dichter aufgeführt, die vermutlich in Text und Melodie einen gewissen Vertrautheitsgrad haben und auf Grund ihres Charakters in dieser Phase der Demenz besonders geeignet sind. Weitere Lieder kann man im Evangelischen Gesangbuch (EG, S. 957 ff.) über das Verzeichnis der Dichter und Komponisten finden.

Friedrich von Spee
*O Heiland, reiß die Himmel auf  (EG 7)*

Johann Scheffler
*Mir nach spricht Christus  (EG 385)*
*Ich will dich lieben meine Stärke (EG 400)*
*Liebe, die du mich zum Bilde. (EG 401)*

Johann Rist
*Hilf, Herr Jesu, lass gelingen (EG 61)*
*Werde munter mein Gemüte  (EG 475)*

Paul Gerhard
*Nun lasst uns gehen und treten (EG 58)*
*Auf, auf, mein Herz mit Freuden (EG 110)*
*Du meine Seele singe (EG 302)*
*Nun danket all und bringet Ehr (EG 322)*
*Ich singe dir mit Herz und Mund (EG 324)*
*Sollt ich meinen Gott nicht singen (EG 325)*
*Ist Gott für mich, so trete gleich alles wider mich (EG 351)*
*Befiehl du deine Wege (EG 361)*
*Wach auf, mein Herz, und singe (EG 446)*
*Lobet den Herren alle, die ihn ehren (EG 447)*
*Hilf mir und segne meinen Geist (EG 503, 13-15)*

Gottfried Arnold
*O Durchbrecher aller Bande (EG 388)*

Gerhard Tersteegen
*Gott ist gegenwärtig  (EG 165)*
*Nun sich der Tag geendet (EG 481)*

Nikolaus Ludwig von Zinsendorf
*Herr dein Wort, die edle Gabe (EG 198)*
*Herz und Herz vereint zusammen (EG 251)*
*Jesu geh voran auf der Lebensbahn (EG 391)*

Man wird die Gedichte vorsprechen und dann die Lieder vorsingen. Wenn möglich, wird man zum Mitsprechen und Mitsingen einladen. Sofern die Fähigkeit dazu noch vorhanden ist, bedarf es zumeist der Einladung gar nicht; es passiert automatisch. Bei der Auswahl der Lieder wird man das aus der Poesie- und Musiktherapie bekannte ISO-Prinzip beachten. Man wird die Klangkörper gemäß der Stimmungslage auswählen. Man wird in der Traurigkeit abholen oder die Fröhlichkeit weiter entfalten.

### d) Handelnde Begleitung

Seelsorge vollzieht sich nicht nur als ein verbaler Prozess. Sie ist auch ein Handlungsgeschehen. Besonders dann, wenn die rein sprachliche, kognitiv orientierte Verständigung gestört ist, mühseliger wird, kommt dem Handeln besondere Bedeutung zu. Hier sind besonders religiöse Riten zu nennen. „Die Vermittlung des Heiligen erfolgt nicht nur in Worten, sondern in einem ritualisierten Geschehen, das alle Dimensionen menschlicher Existenz umfasst" (Josuttis 2002, S. 103). Eine zentrale seelsorgerliche Handlung ist der Segen. Segen ist nicht nur ein Sprachgeschehen; er ist verbunden mit dem Kreuzeszeichen. Segen ist auch nicht nur ein Geschehen aus der Ferne wie im normalen Gottesdienst. Ursprünglich ist er ein hautnaher Kontakt. Jesus legte den Kranken die Hände auf. Hautnaher Kontakt geschieht auch durch die Salbung. „Ist jemand unter euch krank, der rufe zu sich die Ältesten der Gemeinde, dass sie über ihm beten und ihn salben mit Öl in dem Namen des Herrn" (Jakobus 5,14). Manfred Josuttis (S. 103) tritt für eine „energetische Seelsorge" ein, die mehr ist als „Bewusstseinstheologie". „Nicht Deutungen in der Verzweiflung helfen, sondern allein jene Kraft, die die Leere, die ein Leben ausfüllt, auslöscht und durch wirkliche Lebensfülle ersetzt. Die Seele, das gottbezogene Lebenszentrum im Menschen, hat mehr als Sinn zu erwarten, sie erhält durch den Kontakt mit dem Heiligen göttliche Energie". Diese taktile Kontaktseelsorge wird besonders in der Begegnung mit dementen Menschen relevant, da die an anspruchsvolle kognitive Fähigkeiten gebundenen Deutungs- und Sinnfindungsprozesse nicht mehr vollziehbar sind.

Neben den klassischen religiösen Riten können auch symbolische, über sich hinausweisende Handlungen aus dem sonstigen Alltagsgeschehen von religiöser Bedeutung sein. Miteinander essen und trinken, wie es Jesus häufig tat, ist Ausdruck von Gemeinschaft. Auf diese Weise lassen sich übrigens auch pflegerische Bemühungen unterstützen. Alte Menschen trinken in der Regel zu wenig, was zu Verwirrtheitserscheinungen führen kann. In Gemeinschaft ist der alte Mensch bereiter, ein Getränk zu sich zu nehmen. Gemeinsam essen und trinken kann auch nach einem Konflikt unausgesprochener Ausdruck von Vergebung sein. Sich wieder mit jemanden an einen Tisch zu setzen, bedeutet: Nun sind wir uns wieder gut. Seelsorge muss sich nicht in einer Stuhl-zu-Stuhl oder Stuhl-zu-Bett-Konstellation vollziehen. Wo es möglich ist, kann man ein Stück miteinander gehen. „Ich möcht´, dass einer mit mir geht". Auch im gemeinsamen Gehen wird Gemeinschaft erlebt, ein Gefühl von Heimat und Zuhause im Zustand der Heimatlosigkeit und des Unbehaustseins vermittelt. Was nicht mehr argumentativ sinnerhellend vermittelt werden kann, kann sehr wohl noch handelnd, emotional-sinnhaft erlebbar gemacht werden.

## III. Begleitung im Spätstadium der Demenz und im Sterbensstadium

Im Spätstadium der Demenz spricht der Mensch wenig oder gar nicht. Es kommt zu einem Sprachzerfall. Der Mensch gibt Laute von sich. Bisweilen kommt es zu Gebilden wie „Basibas", „Pusibulla", hinter denen aber keine lexikalische Bedeutung auch nicht in entstellter Form mehr angenommen werden kann. Hingegen bleibt die phonematische Struktur zumeist ungestört (Weis/Weber 1997, S. 923). Der Klang der Lautäußerungen gibt die emotionale Verfassung unverfälscht wieder. Die Denkfähigkeit ist total erloschen. Das Gedächtnis, kognitiv betrachtet, ist zerfallen. Der Mensch ist jetzt auch persönlich desorientiert, weiß seinen Namen nicht mehr. Erhalten bleibt aber sein Leibgedächtnis. Er kann körperliche Zuwendungen qualitativ unterscheiden. Erich Grond (2005, S. 46 f.) spricht von dem Stadium der Hilflosigkeit. Der Mensch ist total abhängig von seinen Bezugspersonen. Sein Zustand entspricht dem eines Kleinkindes oder dem eines Säuglings. Rationale Zugänge sind nicht mehr möglich, wohl aber vielfältige emotionale.

Der Verlust jeglicher Rationalität ist bei dementen Menschen zumeist auch charakteristisch für das Sterbensstadium. Demente Menschen sterben infolge von Pneumonie, Harnwegsinfekt, Austrocknung oder infiziertem Dekubitus (Grond 2005, S. 203). Wer demente sterbende Menschen begleiten will, muss sich verdeutlichen, dass demente Menschen in psychischer Hinsicht anders sterben als Menschen mit anderen Krankheitsbildern. Erich Grond (1999; 2005, 203 ff.; 2006, 3.6) hat einige spezielle Grunderfahrungen mit sterbenden dementen Menschen aufgezeigt:

– Bedingt durch den geistigen Abbau sind demente Menschen nicht mehr in der Lage, sich ihren Zustand zu erklären. Sie erleben daher Schmerzen, Atemnot, Übelkeit oder Sonden dramatischer als andere Sterbende.
– Da das Sprachvermögen weitgehend zerfallen ist, können demente Sterbende ihre Befindlichkeit nicht mehr sprachlich mitteilen. Ihre Mitteilungen erfolgen non-verbal über Mimik, Gestik oder Körperhaltung.
– Demente Menschen sind einem „Chaos von Gefühlen" ausgesetzt, die sie weitgehend unkontrolliert ausleben. Neben Gefühlen wie Einsamkeit, Scham, Trauer, Aggression erleben sie verschiedene Ängste, wie z.B. die Angst vorm Ersticken, vorm Verdursten, vor Schmerzen. Sie haben Angst, isoliert oder verlassen zu werden, allein sterben zu müssen. Sie haben Angst vor dem Sterben, vor dem Tot-Sein und möglicherweise vor einem Gericht nach dem Tod.
– Das Sterben von dementen Menschen ist weniger durch ein Wissen um das Ende gekennzeichnet als durch ein Fühlen des Endes. Darum sind hier vorrangig Interventionen gefragt, die auf der emotionalen Ebene abholen und begleiten. „Eine Berührung, eine liebende Stimme, die Nähe einer vertrauten Person halten einen Menschen physisch und emotional am Leben, auch wenn er mit niemandem mehr Kontakt aufnehmen kann" (Gruetzner 1992, S. 66).

## 1. Tragen in der Hilflosigkeit jenseits aller Rationalität

*a) Begleiten durch prosodische Sprache*
Wenn ein Mensch das aktive oder passive Sprachvermögen verloren hat, so heißt das keineswegs, dass auch wir verstummen sollten. Das Einstellen der Ansprache kann tödlich sein. Erich Grond (1997, S. 101) weist darauf hin, dass demente Menschen vor dem klinischen Tod einen kommunikativen Tod sterben, wenn nicht mehr mit ihnen gesprochen wird. Jede Handlung sollte mit Sprache begleitet werden. Wichtiger als das „Was" ist hier in besonderem Maße das „Wie" unserer Sprache. Nicht so sehr, was unsere Worte aussagen, ist hier wichtig, vielmehr, was sie unmittelbar ausstrahlen oder was sie erklingen lassen. Worte informieren nicht nur; sie können emotional bereichern:

„Wie wohl tut ein Wort zur rechten Zeit" (Sprüche 15, 23). Hier ist ganz besonders eine Sprache gefragt, die sich durch hervortretende Emotionalität auszeichnet, die das Paralinguistische, das Sprachbegleitende, herausstellt. In der Phonetik (Lehre von den Sprachlauten) spricht man von der Prosodie der Sprache. Damit ist die Gesamtheit der Eigenschaften des Sprechaktes gemeint, die über das wörtliche Gespräch hinausgehen. Die Sprache wird als Klangkörper betrachtet. „Auf keinen instrumentellen Klang reagiert der Mensch so direkt und so berührt wie auf den Klang der menschlichen Stimme" (Decker-Voigt 2000, S. 279).

Man wird hier nicht viele Worte machen. Einfache, Klangvielfalt meidende Sätze sind hier am Platz, in denen Wärme, Freundlichkeit, Zärtlichkeit schwingt: Tragende Sätze sind besonders positive Sätze aus dem Verbbereich „sein": Ich bin hier. Du bist lieb. Es ist gut. Sie strahlen Gemeinschaft, Anerkennung, Gelassenheit aus. Tragende Sätze meiden Negationen. Sätze mit „nein", „nicht" klingen hart, bedrohlich, ablehnend, schon dadurch, dass wir diese Wörter zumeist besonders betonen. Sätze mit „sollen" und „müssen", besonders in der 2. Person Singular „du sollst", „du musst", wirken fordernd, nicht akzeptierend, implizieren eine Veränderung, die der Kranke nicht mehr vollziehen kann, und treiben in die Resignation. „Die Energie des Müssens oder Sollens zerstört auf die Dauer die Energie des Wollens" (Hegi 1986, S. 92f.). Man sollte langsam sprechen. Durch langsames Sprechen wird die Erreichbarkeit gefördert. Schnelles Sprechen wirkt unruhig und verstärkt die ohnehin schon vorhandene Unruhe des Kranken.

Von besonderer prosodischer Qualität sind Gedichte. Gedichte lassen sich auch im frühen und mittleren Stadium der Demenz einsetzen. Man erinnert sich an sie, erkennt sie als etwas einmal Gelerntes wieder, spricht den Text. Auch im Spätstadium kann man Gedichte einsetzen. Hier ist allerdings von einem anderen Wirkzusammenhang auszugehen. „Ein Gedicht ist ein ... Gebilde, bestehend aus einem Spannungsgeflecht von absoluten Kräften, die suggestiv auf vorrationale Schichten einwirken ... Sprachmagie, als eine der wichtigsten Merkmale von Poesie, steht hier über dem Sprachgehalt" (Decker-Voigt 1983, S. 180). Auch beim Verlust jeglicher Rationalität können Gedichte erreichen. Oft wird der Begriff Lyrik verwendet. Wenn von Lyrik statt von Poesie gesprochen wird, wird zumeist besonders der Stimmungsgehalt eines Gedichtes, seine Musikalität, betont. „Hier gilt die stimmungshafte Verschmelzung von Subjekt und Objekt als Ergebnis der Verinnerlichung". Es geht hier nicht mehr um die Erinnerung an das einmal gelernte Gedicht, sondern um die „Verinnerung" dessen, was das Gedicht ausstrahlt

(Günther und Irmgard Schweikle 1990, S. 288). Bei dementen Menschen im Spätstadium kommt dem lyrischen Charakter eine besondere Bedeutung zu. Das Gedicht regt nicht primär Gedanken an, es wirkt unmittelbar, löst Gefühle aus. Es wird zu einem empathischen Gegenüber. Natürlich wird man Gedichte wählen, die Freude, Zuversicht, Hoffnung ausstrahlen, nicht Gedichte, die Verzweiflung und Resignation entfalten.

Die Wirkung einer solchen prosodischen Zuwendung bleibt zumeist nicht im Verborgenen. Selbst der Mensch im Koma reagiert darauf. Der aufmerksame Beobachter wird feststellen, dass sich Atmung, Puls und Gesichtsfarbe verändern. Es kommt zu Bewegungen: Kopf oder Augen werden gedreht, der Mund oder die Hand öffnen sich, die Schultern senken sich (Grond 1999, S. 14). Am Ende kann der demente Mensch nicht mehr lachen, wohl aber bisweilen lächeln. Das Lächeln kommt in der Entwicklungsgeschichte vor dem Lachen und es ist am Anfang und dann wieder am Ende Ausdruck von Zufriedenheit.

Keineswegs sollte man sich nun aber unter den Zwang begeben, ständig etwas von sich geben zu müssen. Seelsorge kann sich auch als rein transverbale, daseiende Seelsorge darstellen und damit das Gefühl der Verlassenheit überwinden. Ein Zuviel von gezielten Interventionen kann auch beunruhigen.

*b) Begleiten durch symbolisch-musikalische Zuwendung*

Ein noch stärkeres emotionales Mittel ist die Musik. „Die Musik als symbolische Gestalt beginnt dort, wo die Sprache als Gebrauchssprache des zwischenmenschlichen Kontakts mit ihrer Verständniskraft aufhört" (Hegi 1986, S. 152). Das Musikerleben vollzieht sich unter Demenz in verschieden Stufen, wie Angehörige berichten. Anfänglich ist noch die Fähigkeit vorhanden, Liedtexte mitzusingen. Lili Feldmann (1992, S. 57) erlebte: „Musik erreicht die Kranken sehr lange. Sie verlieren die Fähigkeit zu sprechen, sie verstummen, aber beim Singen kommen ihnen die Texte der Lieder über die Lippen." In einem weiteren Stadium bleibt noch das Melodiegedächtnis intakt. „Etwas brachte uns immer wieder zum Staunen. Mutters Melodien-Gedächtnis funktionierte noch ausgezeichnet, als ihr Sprachvermögen schon völlig zerstört war" (Götte 1997, S. 131). Oftmals wird die Melodie vollzogen durch „la, la" oder durch summen. Am Schluss lebt der Kranke rezeptiv aus der vorgespielten, vorgesungenen oder vorgesummten Musik. Bis zuletzt ist der kranke Mensch über die Musik zu erreichen. Dazu bedarf es letztlich nicht eines intakten Großhirns. Musikerleben verschafft das limbische System (Zentrum des Emotionalen), das auch am Ende noch funktioniert. Die Hörfähigkeit des dementen Menschen ist am Ende sogar geschärft und erlischt erst 20 Sekunden nach dem klinischen Tod (Grond 2005, S204). Entwicklungsgeschichtlich betrachtet ist die Musik ein pränatales Früherlebnis. Die Keimzelle von Musik-Erleben sind der Herz- und Atemrhythmus der Mutter, die das Erleben von Kontinuität und das „Gefühl von Sicherheit und Vertrautheit" bewirken (Vogel 1987, S. 204 ff.). „Studien bzw. Erfahrungsberichte zeigen, dass durch Anwendung von Musik bei Dementen vor allen Dingen Unruhezustände und Angst gemindert werden können" (Stoppe/Maeck 2007, S. 55).

Man kann Musik vom Band vorspielen. Wer kann, möge etwa mit einer Flöte etwas Aufhellendes erklingen lassen. Helfend kann auch das Vorsingen oder Vorsummen von Liedern sein. Summt man ein Lied und legt gleichzeitig die Hand auf den Rücken des Kranken, kann sich der Rhythmus von Körper zu Körper fortschwingen.

*c) Begleiten durch nährenden Körperkontakt*
Erich Grond weist wiederholt auf die Wichtigkeit des Körperkontakts bei sterbenden Verwirrten hin. Bei ihnen nimmt das Bedürfnis nach Berührung und Wärme zu (2006, 3.6.3). „Der Sterbende begreift bis zuletzt die Körpersprache des Begleiters" (1999, S. 14 f.). Berührungen werden selbst nach dem klinischen Tod noch wahrgenommen. Berührungswahrnehmungen sind im Zwischengehirn gespeichert, das noch bis zu 10 Minuten nach dem klinischen Tod lebt (2005, S. 94). Berührung kann sich in unterschiedlicher Weise vollziehen. Die Frage ist, welche Art von Berührung hier sinnvoll, helfend, hinüberhelfend sein kann. Während es in früheren Phasen der Demenz durchaus sinnvoll sein kann, aktivierend zu stimulieren, zu beleben, wird man nun das Auslaufen des Lebens akzeptieren und den Abschied vom diesem Leben auch im Berührungsverhalten möglichst leicht machen.
Malcolm Brown (1988, S. 135 ff.) hat den Begriff der nährenden Berührung geprägt. Dieses Verfahren ist zwar nicht für die Sterbebegleitung und für den Umgang mit dementen Menschen entwickel worden, dürfte aber auch für diesen Zusammenhang sinnvoll und aufbauend sein. Kennzeichnend für die nährende Berührung ist, dass der Körper des Menschen mit der Hand ohne Bewegung und Druck, langsam und nahezu passiv berührt wird. Die Hände werden leicht, in sanfter Weise auf die Haut verschiedener Körperregionen wie etwa Hände, Füße, Schädel, Hinterkopf, Nacken, Schultern gelegt. Aktiver Händekontakt mit Bewegung und Druck kann als bedrohlich erlebt werden und die Abwehr der Psyche bewirken.

Nährende Berührung hingegen vermittelt Wärme, mobilisiert einen Energiefluss, vermittelt Sympathiegefühle, das Erleben geliebt zu werden. Der Mensch erlebt, dass seiner Verzweiflung Aufmerksamkeit geschenkt wird.

Charles V. W. Brooks (1991, S. 97 ff.) beschreibt eine ähnliche Berührungsform, die er den einfachen physischen Kontakt nennt. Dieser Kontakt unterscheidet sich vom aktiven Kontakt. Hier geht es nicht um streicheln, kraulen oder tätscheln. All dies kann als Manipulation und Einengung erlebt werden. Vielmehr werden die Hände ruhig auf die Stirn, auf die Schultern, auf die Knie, um die Füße oder auf die Handflächen des anderen gelegt. Dabei soll nichts anderes geschehen, als dass der andere mich erfährt, sich gut versorgt und geachtet fühlt. Es entsteht ein Gefühl wie bei einem kleinen Kind, dass die Mutter nach dem Stillen sanft in die Arme nimmt. Man fühlt sich dankbar, weil man mit Sorgfalt behandelt wird. Durch diese Form des Beachtung-Schenkens wird Liebe empfunden.

Erich Grond (2005, S. 128 ff.) stellt speziell für den Umgang mit dementen Menschen die Bedeutung von Zärtlichkeit heraus, deren Erleben durch Berührung vermittelt wird. Wichtig ist das Handauflegen, durch das Wärme-Energie übertragen wird. Das Stützen der Hand lässt Fürsorglichkeit erleben. Die Hand in die Nähe des Körpers bringen, ohne ihn zu berühren, lässt Wärme empfinden. Professionell Pflegende und pflegende Angehörige können im Vergleich zu Seelsorgern und Seelsorgerinnen noch mehr tun. Sie haben einen erweiterten Zugang zum Körper. Sie können auf dem Körper kreisförmig streichen (Tellington Touch) oder mit einem weichen Handschuh mit etwas wärmeren Wasser oder mit Lavendelöl den Körper entspannen und beruhigen. All das sind Zugänge und Wohltaten bis zuletzt. Bis zu 10 Minuten über den klinischen Tod hinaus kann der Mensch Berührungen unbewusst wahrnehmen. „Berühren tröstet, beruhigt, vermittelt das Gefühl, angenommen, akzeptiert zu sein: ′Ich bin bei Dir′. Wer nicht berührt wird, fühlt sich nicht mehr liebenswert" (2005, S. 129).

Demente Menschen im Stadium der Hilflosigkeit bedürfen, dass sie getragen werden, dieses nicht nur in einem körperlichen Sinne, sondern auch in einer übertragenden Bedeutung. Das Getragenwerden ist ein zentrales biblisches Anliegen. Es ergeht als göttliche Verheißung an den hilflosen Menschen. „Gott hat seinen Engeln befohlen, dass sie dich behüten auf allen deinen Wegen, dass sie dich auf den Händen tragen" (Psalm 91,11f). Diese Verheißung gilt bis ins hohe Alter. „Bis in euer Alter will ich euch tragen bis ihr grau werdet; ich will heben und tragen und erretten" (Jesaja 46,4). Das Tragen der Hilflosen ergeht zudem als Auftrag an uns Mitmenschen. „Wir sollen der Schwachen Unvermögen tragen" (Römer 15,1). „Tragt die Schwachen" (1. Thessalonicher 5,14). „Einer trage des anderen Last" (Galater 6,2). Es ist Aufgabe der Seelsorge, in der Begegnung mit hilflosen Menschen die göttliche Verheißung erlebbar zu machen. Dieses gilt besonders dann, wenn unter Demenz nicht nur die körperlichen, sondern auch die geistigen Kräfte schwinden, denn: „Selig sind (auch) die, die da arm an Geist sind, denn (auch) ihrer ist das Himmelreich" (Matthäus 5,3). Die christliche Tradition zeigt eine Reihe von Mitteln und Wegen auf, wie dieses verwirklicht werden kann.

## 2. Spezielle Mittel und Wege der geistlichen Orientierung

*a) Begleiten durch phonetisch akzentuierte Theopoesie*
Michael Heymel (2005, S. 41) tritt dafür ein „Seelsorge phonetisch als Klanggeschehen zu verstehen, das sich auf Ur-Erlebnisse des Hörens zurückbezieht". Schon in alttestamentlicher Zeit dient Poesie als Ausdrucksmittel religiösen Erlebens, ist Theopoesie. Das bedeutendste Beispiel ist der Psalter. Im Neuen Testament wird empfohlen: „Redet untereinander in Psalmen (Epheser 5,19). Zentrales emotionales Ausdrucksmittel der Poesie sind die als Klangkörper verwendeten Vokale, was besonders spürbar wird, wenn man Gedichte langsam liest. Durch das langsame Sprechen werden die Vokale herausgestellt, die entwicklungsgeschichtlich vor den Konsonanten stehen. Schnelleres Sprechen hebt die später entstandenen Konsonanten hervor, die als Träger des Rationalen fungieren, das unter Demenz schließlich belanglos wird.
Ilse Middendorf (1988, S. 60 ff.) macht deutlich, dass mit bestimmten Vokalen spezifische Empfindungen ausgelöst werden. Fritz Hegi (1986, S. 83 f., S. 307 ff.) weist auf den besonderen religiösen Wert der Vokale A und O hin. Sie „schwingen in die Tiefe". Sie „wirken nach innen". Sie haben „Heilwirkung". Sie „haben eine religiöse Wirkung". Im Gebet gesprochen „setzen sie eine bestimmte Klangschwingung in Bewegung, aktivieren religiöse Empfindungszentren und vermögen dementsprechend Energie zu mobilisieren."
Dabei wird dem O das Empfinden „Liebe, Wärme, Geborgenheit, Verbundenheit" zugeschrieben. Das A erzeugt einen „orgelartigen Klang" und steht für „Offenheit". Josef Weinheber (nach Edgar Neis 1995, S. 38) dichtete in seiner „Ode an die Buchstaben": „Wie Balsam legt labend auf das Verzagte sich das Amen des klaren A". „Glockentönig" ist für ihn das O; es „mahlt Ruh". Die Vokale A und O sind dominant in vielen religiösen Texten, die Geborgenheit ausdrücken. Sie werden geradezu programmatisch für das Erleben von Evangelium in dem biblischen Wort: „Ich bin das A und das O" (Offenbarung 1,8). Alle anderen Vokale sind hier ungeeignet, wenn

sie dominant auftreten. Das I wirkt scharf und steht für Aggressivität. Dem E wird Geschäftigkeit zugeschrieben. Das U wirkt dunkel und wird als tiefes Dröhnen erlebt (Hegi 1986, S. 308). Fünf Beispiele für Texte mit o- und a-dominanten Vokalen seien genannt und nach ihren Klangeigenschaften betrachtet:

*Komm als ein Arzt der Kranken,*
*und die im Glauben wanken*
*lass nicht zugrunde gehn.*
*Die Alten heb und trage,*
*auf dass sie ihre Plage*
*geduldig mögen überstehn. (EG 423,9)*

Über die Bewegtheit des Lebens, ausgedrückt durch e-bestimmte Tätigkeitsverben (gehen, heben, stehen) werden dominierend a-bestimmte Substantive und Verben als Ausdruck stärkender Getragenheit gelegt.

*Abend ward, bald kommt die Nacht,*
*schlafen geht die Welt;*
*denn sie weiß,*
*es ist die Wacht über ihr bestellt.*

*Einer wacht und trägt allein*
*ihre Müh und Plag,*
*der lässt keinen einsam sein,*
*weder Nacht noch Tag. (EG 487, 1+2)*

Das Gedicht wird dominiert von dem bewahrenden, tragenden, labenden, haltenden – a. Substantive, Verben, Adjektive, Adverbien werden eingesetzt, um das Erleben von Ruhe zu erzeugen.

*In allen meinen Taten*
*lass ich den Höchsten raten,*
*der alles kann und hat;*
*er muss in allen Dingen,*
*soll's anders wohl gelingen,*
*mir selber geben Rat und Tat. (EG 368,1)*

Über dem scharf klingendem – i (Dingen, gelingen, mir) erklingt das besänftigende – a.

*Lobe den Herren, denn er ist sehr freundlich;*
*es ist sehr köstlich, unsern Gott zu loben,*
*sein Lob ist schön und lieblich anzuhören.*
*Lobet den Herren!     (EG 304,1)*

Durch die wiederholte Verwendung des langen – o wird in der Enge des Lebens das Gefühl von Weite vermittelt.

*O Gott, du höchster Gnadenhort,*
*verleih, dass uns dein göttlich Wort*
*von Ohren so zu Herzen dring,*
*dass es sein Kraft und Schein vollbring.* *(EG 194,1)*

Das dominante lange – o vermittelt das Gefühl von Wärme und Geborgenheit; im unterstützenden – a schwingen Güte und Energie.

Für Kurt Marti (1977) vermittelt Theopoesie „neue Pforten der Wahrnehmung", wenn „Logik und Theologik vergeht". Für ihn ist Theopoesie Ausdruck von „Zärtlichkeit" und er tritt daher für eine „Theologie der Zärtlichkeit" ein, die in „gelebter Poesie" Gestalt gewinnt.

*b) Begleiten durch nährende und füllende Kirchenmusik*
Auch die Kirchenmusik ist ein traditionelles Mittel des Ausdrucks von religiösem Erleben. Psalmen sind nicht nur Gedichte, sondern auch Lieder. Im Neuen Testament wird aufgefordert: „Singet und spielet dem Herrn in eueren Herzen" (Epheser 5,19). „Kirchenmusik symbolisiert u. a. Gott und ´Kirchenraum´." Sie „vermittelt dem Hörer Gefühle von sehr tiefer (göttlicher) Nähe und Beschütztheit" (Decker-Voigt 2000, S. 185).
Elisabeth Schillinger (1989) berichtet in ihrem Buch „Das Lächeln des Narren" über ihre Erlebnisse mit einem dementen Menschen. Wie ein roter Faden zieht sich das Tragende, Aufhellende religiöser Musik durch ihren Bericht. „Aber die Musik gibt es. Immer wieder durchfluten Klänge den Raum. Erreichen das Wesentliche. Trösten."
– „Die Messe aus der Klosterkirche, Kyrie – erbarme dich, weich lockt der wiegende Rhythmus in den Anfang." – „Heiterkeit umgibt den schlaffen Körper – Heiterkeit, die aus der Seele kommt. Weich schwingt der wiegende Rhythmus der Messe – dona nobis pacem."
Alfred Fuhrmann (1990, S. 126f.) schreibt vom Endstadium seiner dementen Frau: „Wie es eine Mutter mit ihrem Baby tut...singe ich ihr leicht aufnehmbare Kinderlieder vor, besonders gern abends vor dem Einschlafen. Ich bin überzeugt, dass es meiner Frau ein wohliges Gefühl der Geborgenheit gibt". Die Ärztin Edda Klessmann (2006 S. 165ff.) berichtet von den Wirkungen der Musik am Ende des Lebens durch das Vorspielen von Mozarts Klarinettenkonzert und von Bachs h-Moll-Messe: „M. entspannte sich, lächelte und

schlief sanft ein."
Hans-Helmut Decker-Voigt (2000, 2008) unterscheidet zwei Arten von Musik: ergotrope Musik und trophotrope Musik. Ergotrope Musik ist stimulierende, aktivierende Musik, die u. a. gekennzeichnet ist durch stark akzentuierte Rhythmen, Dur-Tonarten, betonte Dissonanzen. Trophotrope Musik ist beruhigende, entspannende Musik, die u. a. gekennzeichnet ist durch schwebende Rhythmen, Moll-Tonarten, Konsonanzen. Am Ende des Lebens geht es nicht mehr um das Aktivieren, vielmehr um die Gewährung und Herstellung von Ruhe. Diese vermittelt die trophotrope Musik. Sie „ernährt", indem sie Kraft vermittelt. Sie „füllt", indem sie das neu aufnehmen lässt, was verausgabt wurde. Geeignet sind hier auch abendliche Kinderlieder wie: „So schlafe nun, du Kleine" (Matthias Claudius), „Guten Abend, gut Nacht" (Johannes Brahms), „Schlafe, mein Prinzlein, schlaf ein" (Wolfgang Amadeus Mozart ). Sie entsprechen der Lebenswelt, in der sich demente Menschen am Ende wieder bewegen.

*c) Begleiten durch diminutive Zärtlichkeitsformen der Sprache*
Ein Schlüsselbegriff in der Pflege und Begleitung von dementen Menschen ist für Erich Grond die Zärtlichkeit (2005, S. 128). Zärtlichkeit kann auf verschiedene Weise vermittelt werden, nicht nur durch die Hände, sondern auch durch die Sprache. Ein sprachliches Mittel zum Ausdruck von Zärtlichkeit ist die Verwendung von Diminutivformen. Diminutivformen sind Verkleinerungsformen. In der Bibel und im Gesangbuch werden häufig erwachsene Menschen als Kinder Gottes bezeichnet, um auf diese Weise den zärtlichen Umgang Gottes mit den Menschen zum Ausdruck zu bringen. Die Dichter von Poesie und Liedgut verwenden gelegentlich das Mittel der Modifikation von Substantiven, um Zärtlichkeit auszudrücken (Frank 2003, S. 45). Dabei verwenden sie häufig das Suffix „-lein". Das begegnet uns natürlich oftmals in zärtlichen Liebesgedichten (Schätzelein, Röslein). Aber auch in der religiösen Dichtung ist es weit verbreitet. Im Gesangbuch finden wir zahlreiche Zärtlichkeit ausstrahlende Diminutivformen mit „-lein":

Der Mensch selbst wird zärtlich angesprochen:
*Kinderlein, Fünklein, Küchlein, Schäflein,*
*der Leib in seines Schlafkammerlein*

Das Heilige kommt auf den Menschen zärtlich zu:
*Jesulein, Röslein, Lämmlein, Engelein*

Die Natur umgibt den Menschen zärtlich:
*Sternlein / Sternelein, Lichtlein, Lüftlein*
*Fischlein, Völklein (der Glucke), Täublein, Vögelein, Körnlein,*
*Blümlein, Zweiglein*

Selbst Gegenstände erscheinen in zärtlicher Form:
*Tüchelein, Wiegelein, Krippelein, Windelein*

Solche Sprachformen wollen nicht in erster Linie verstanden werden, sondern aus ihrem Klang heraus erspürt werden. Hier wird nicht nur von Zärtlichkeit geredet; durch das „-lein" versucht der Dichtende die Zärtlichkeit spürbar zu machen. Der Klang von frühkindlichen Koseformen lebt auf. Demente Menschen haben bis zuletzt ein feines Gespür für Klänge, nehmen noch die Lautsymbolik wahr. Besonders zärtlich und die Menschen erreichend dürften Gedichte und Lieder sein, wenn sich das tragende Klangelement „-ei-" in weiteren Wörtern wiederholt, zum Beispiel:

*EG   30, 2   Das Blümlein, das ich meine – alleine – reine*
*, 3   Das Blümelein, so kleine – seinem – Scheine*
*EG 397, 3   Lass dein lieb' Engelein – meinem – mein – Leib –*
*seinem – Schlafkämmerlein – Pein*
*EG  468,3   Nun schlaf, nun schlaf, mein Kindelein – sein – mein –*
*Kindelein*

Solche Formen sind Ausdruck von Zuneigung und Wohlwollen. In ihnen schwingt das zärtliche, streichelnde „Ei-Ei, Eia-Eia".


*d) Begleiten durch Atemgemeinschaft*
*Im Atemholen sind zweierlei Gnaden:*
*Die Luft einziehen, sich ihrer entladen;*
*Jenes bedrängt, dieses erfrischt;*
*So wunderbar ist das Leben gemischt.*
*Du danke Gott, wenn er dich presst,*
*Und dank ihm, wenn er dich wieder entlässt.*

So dichtete Goethe. Der Atem steht für von Gott geschaffenes und erhaltenes Leben. Gott blies dem Menschen den Odem des Lebens in seine Nase (1. Mose 2,7). Hiob (10,12) bekennt: „Leben und Wohltat hast du an mir getan, und deine Obhut hat meinen Odem bewahrt". In einem Lied heißt es: „Gott gab uns Atem, damit wir leben" (EG 432).

Eine besondere Art der Zuwendung wurde von Winfried Mall (1984, S. 1ff.) entwickelt, die sich am Atem orientiert. Diese Art einer „basalen Kommunikation" jenseits aller Rationalität wird auch für die Kommunikation mit altersverwirrten Menschen, die sonst kaum noch zu erreichen sind, empfohlen (Grond 2003, S. 168f.): Man achtet auf den Atem des anderen. Man fühlt sich in den Atemrhythmus ein. Man atmet den Rhythmus mit. Man vertont den Atem. Immer wieder macht man zwei- bis dreimal das Ausatmen hörbar, indem man den Atemrhythmus summt, tönt, singt, wie es auch in einem Kirchenlied heißt: „Ach wär ein jeder ...Odem ein Gesang" (EG 330, 2). Im Sinne des Goethegedichts ist das Ausatmen Ausdruck einer gnädigen Erfrischung Gottes in einem bedrängten Leben. In dieser basalen Kommunikation wird ein besonders intensives zwischenmenschliches Gemeinschaftsgefühl erzeugt, das über das Zwischenmenschliche hinausweist.

*e) Begleiten durch Gestik als Abbild der Liebe Gottes*
Körperliche Zuwendung hat eine lange bis in biblische Zeit zurückgehende religiöse Tradition, die in letzter Zeit auch in der Theologie wieder verstärkt in den Blick kommt. Mehr als 200 mal kommt im Alten Testament die Hand als Gottessymbol vor. Im Neuen Testament legt Jesus den Kranken segnend die Hände auf. Der in Heidelberg lehrende Neutestamentler Gerd Theißen (2007) hat jüngst das Urchristentum einmal unter psychologischen Gesichtspunkten untersucht und dabei auch die Wundergeschichten über die Krankenheilungen Jesu in den Blick genommen. Er kommt zu der Erkenntnis, dass bei einigen Wundertaten Jesus keineswegs als Arzt wirkt, der die Krankheit heilt. Vielmehr steht die mit der Krankheit verbundene Schwachheit im Mittelpunkt. Jesus wirkt an den Kranken therapeutisch nicht in einem ärztlich-kurativen Sinne. Bei der Therapie Jesu „steht die Stärkung des Menschen im Zentrum" (S. 240), die „Vermittlung von Lebenskraft" (S. 246). „Die Heilung besteht darin, dass der Kranke durch Handauflegung Kraft erhält, die wie ein Fluidum verstanden wird, das vom Wundertäter auf den Kranken übergeht" (S. 240). Jesus gibt an seine Jünger und damit an alle Christen bis heute diese Umgangsweise mit Kranken als Auftrag weiter. Aus dem Griechischen ist exakt zu übersetzen „Therapiert die Schwachen" (Matthäus 10,8), das heißt, verleiht ihnen Kraft in ihrer Krankheit. Schon vor Jahren hat der Psychiater Siegfried Kanowski (1986, S. 9) darauf hingewiesen: „Im Zusammenhang mit dementen alten Menschen können wir nicht von Heilung reden, sondern wir müssen uns darauf besinnen, dass das griechische Wort, dem der Begriff Therapie entstammt... Linderung...

bedeutet, also einen wesentlich weiteren Begriff hat, als nur den Begriff der Heilung."

Der Theologe Johannes Fischer (2006, S. 218) verweist auf die Bedeutung von Körperkontakt in der Seelsorge mit dementen Menschen hin, selbst am Ende des Lebens, selbst im komatösen Zustand. Seelsorge kann sich hier in „unmittelbarer Weise", etwa durch die Berührung mit der Hand vollziehen.

Das Auflegen der Hände macht erlebbar: „Ich bin bei euch"(Matthäus 28,20). Das Reichen der Hände etwa nach einer Aggression lässt erleben: Es ist vergeben. Das Unterlegen meiner Hände unter die Hände des anderen vermittelt: Du bist getragen. „Ich will euch tragen bis ins Alter" (Jesaja 46,4). Die Hände in die Nähe des Körpers bringen, ohne zu berühren, erzeugt Wärme, Wärme, die unterschwellig mit einer Kraft assoziiert ist, die von außen kommt und Mut macht: „Du hälst deine Hand über mir" (Psalm 139,5b). Das Umarmen schließlich lässt spüren: Ich bin geborgen in etwas, das größer und mächtiger ist als das Ich. „Von allen Seiten umgibst du mich" (Psalm 139a). In all dem kann Evangelium vermittelt werden, auch wenn die Botschaft auf kognitivem Wege nicht mehr erreichen kann. Die von Erich Grond geforderte Zärtlichkeit ist mehr als eine zwischenmenschliche Wohltat. Der Kontakt mit dem Körper ist „Medium des Kontaktes mit Gott" (S. Essen, nach Karl Heinz Ladenhauf 1988, S. 150). „Die Gesten der Hand sind symbolische Handlungen, nämlich Vorwegrealisationen des Reiches Gottes. Sie weisen über sich hinaus und erhalten ihren Sinn in der Perspektive der Reich-Gottes-Verkündigung" (Biehl 2002, S. 137). Der Theologe Kurt Marti (1977, S. 25) schreibt: „In der Zärtlichkeit leuchtet Versöhnung auf, ein Funke vielleicht der großen, der möglichen Versöhnung zwischen Gott und den Menschen."

# C. Der Gottesdienst

Altersverwirrte Menschen gehören in die gottesdienstliche Gemeinschaft aller Gemeindeglieder, denn auch sie gehören zum Leib Christi. Wenn sie zum sonntäglichen Kirchgang oder zum Besuch sonstiger Gottesdienste in der Gemeinde in der Lage sind, sollten sie nicht ausgeschlossen werden. Angehörige sollten ermutigt werden, ihr verwirrtes Familienmitglied nicht zu verstecken. In der Gemeinde sollte in geeigneter Weise die Bereitschaft gefördert werden, diese Menschen auch bei eventuellen Störungen liebevoll anzunehmen. Auch wenn sie nicht alles aufnehmen können, so haben sie dennoch aufgrund der Vieldimensionalität des Gottesdienstes ihre aufbauenden Erlebnisse. Auch wenn sie die Predigt nicht mehr verstehen können, so werden sie durch vertraute Texte, die kirchenmusikalischen Anteile des Gottesdienstes und das Erleben von Gemeinschaft tragend erreicht.

Hier geht es vor allem um die gottesdienstliche Situation, in der der altersverwirrte Mensch ins Zentrum tritt. Das ist der Fall, wenn die Pastorin oder der Pastor einen altersverwirrten Menschen zu Hause besucht, um dort speziell für ihn einen Gottesdienst zu feiern. Das ist der Fall in einer gerontopsychiatrischen Abteilung, wo die altersverwirrten Menschen einen großen Teil oder gar die Mehrheit der Gottesdienstbesucher ausmachen. Dieses ist der Fall in Pflegeheimen, die zum Teil einen Verwirrtenanteil bis zu 80 Prozent aufweisen. Gottesdienste für diese Zielgruppe haben hier einen verstärkt seelsorgerlichen Charakter. Anders als im sonstigen Gottesdienst wird man sich hier weniger an einem vom Kirchenjahr bestimmten Verkündigungsprogramm orientieren, sondern die Verkündigungsinhalte von der besonderen Problemlage der Hörerschaft bestimmen lassen. Weiterhin wird man bei der Gestaltung der gottesdienstlichen Elemente die veränderte Aufnahmefähigkeit der Menschen berücksichtigen. Im Folgenden geht es um die Frage, wie ein solcher zielgruppenorientierter Gottesdienst aussehen sollte.

# I. Zur Grundform des Gottesdienstes

Die häufigste Form, die in der häuslichen Umgebung oder im Heim gewählt wird, dürfte die Form der Andacht sein. Andachten können zu den verschiedensten Anlässen gehalten werden. Sie können stattfinden etwa im Rahmen eines seelsorgerlichen Gesprächs, als Tageseröffnung oder Tagesbeschluss oder aus Anlass des Geburtstages. Beim Aufbau der Andacht ist man relativ frei.
Bei der Wahl der Andachtsform ist aber einiges zu bedenken. Die Andacht ist ihrem Wesen nach immer eine Gottesdienstform, die als zusätzliches Angebot zu verstehen ist. Die Andacht kann den Hauptgottesdienst nicht ersetzen. Von daher sollte die Situation nie so aussehen, dass der altersverwirrte Mensch nur noch Zugang zu Andachten hat. Ihm steht auch der Hauptgottesdienst zu, ein Gottesdienst, der eventuell für sein Empfinden erst der „richtige" Gottesdienst ist, der zudem wenigstens eine sachliche Beziehung zum

sonntäglichen Gemeindegottesdienst herstellt, wenn schon eine personale und lokale Beziehung nicht mehr möglich ist.

Hinzu kommt, dass auch vom Krankheitsbild her gesehen, einiges für die Form Hauptgottesdienst spricht.

– Der Hauptgottesdienst ist die vertraute, in der Regel praktizierte Gottesdienstform, die der altersverwirrte Mensch aus seiner Kinderzeit kennt und mittels seines Altgedächtnisses wiedererkennt. Er vermittelt von daher Kontinuität in einem Dasein voller Diskontinuitäten. Der Hauptgottesdienst ist *altgedächtnis-* und *biografiefreundlich.*

– Weiterhin bietet der Hauptgottesdienst vor allem durch sein Ordinarium eine klare, feste, gleichbleibende Ordnung, die es dem altersverwirrten Menschen erleichtert, sich zurechtzufinden. Der Hauptgottesdienst ist von daher *orientierungsfreundlich.*

– Darüber hinaus bietet der Hauptgottesdienst durch die vertrauten Responsorien dem altersverwirrten Menschen die Möglichkeit, sich zu beteiligen. Der Hauptgottesdienst ist von daher *aktivierungsfreundlich.*

– Schließlich führt der Hauptgottesdienst durch seine musikalisch-liturgischen Elemente zu einer emotionalen Vertiefung, die der altersverwirrte Mensch im besonderen Maße braucht. Der Hauptgottesdienst ist von daher auch *emotionsfreundlich.*

Man mag annehmen, der Hauptgottesdienst sei zu lang und überfordere den altersverwirrten Menschen. Dagegen ist einzuwenden: Nicht allein der Zeitfaktor spielt eine Rolle. Ebenso entscheidend ist, was in dieser Zeit geschieht. Hinzu kommt, dass es verschiedene Möglichkeiten gibt, den Hauptgottesdienst zu kürzen, ohne dass sein Charakter beeinträchtigt wird. Die Anzahl der Lieder kann man reduzieren, desgleichen die Anzahl der Lesungen. Abkündigungen fallen ohnehin aus. Die Predigt wird hier kürzer sein. Kaum wird man 30 Minuten überschreiten müssen. Für den Aufbau des Hauptgottesdienstes mache ich folgenden Vorschlag:

– Glockengeläut vom Band
– Vorspiel (falls Instrument vorhanden)
– Psalm
– Gloria patri
– Kyrie
– Gloria in excelsis
– Salutatio
– Kollektengebet
– Lesung mit Rahmenversen oder Halleluja

- Credo
- Lied
- Predigt
- Lied
- (Abendmahl)
- (Beichte)
- Fürbittengebet und Vaterunser
- Entlassung und Segen
- Nachspiel (falls Instrument vorhanden)

## II. Die Gestaltung der gottesdienstlichen Elemente

### 1. Die Lesungen

Welchen Kriterien sollten die Lesungen entsprechen, die im Gottesdienst für altersverwirrte Menschen gelesen werden? Grundsätzlich gilt, dass es vertraute Texte sein sollten. Ist der Text als solcher nicht vertraut, so sollte zumindest die Thematik vertraut sein. Vertraut sollte auch der Sprachstil des Textes sein. An anderer Stelle wurde bereits darauf hingewiesen, dass moderne Bibelübersetzungen oder neuere Revisionen des Luthertextes nicht geeignet sind. Wichtig ist auch, dass die Lesung nicht zu lang und der Gedankengang leicht durchsichtig ist. Besonders gut aufnehmbar sind narrative Texte. Man kann auch einfach vertraute zentrale biblische Sätze nehmen. Dieses ist vor allem sinnvoll, wenn die Aufnahmefähigkeit für komplexere Darstellungen nicht mehr vorhanden ist. Weiterhin sollte die Aussage des Textes der Lebenssituation entsprechen, dort abholen, dort weiterbringen.

Die angeführten Kriterien machen deutlich, dass man oftmals nicht die Lesungen des Tages oder des vergangenen oder kommenden Sonntags verwenden kann. Für die Auswahl der Texte ist es hilfreich, auf das zu horchen, was in den seelsorgerlichen Gesprächen zur Sprache kommt. Hier werden wir auf zentrale Probleme gestoßen, die die Textauswahl leiten können.

Die Texte sollte man langsam lesen. Zentrale Aussagen sollte man wiederholen. Hilfreich kann es sein, wenn man im Sinne der Wahrnehmungsverstärkung einen Text durch ein Bild visuell unterstützt. Vielleicht findet man auch ein passendes sichtbares und greifbares Symbol. Es sei daran erinnert, dass die Agende auch die Möglichkeit vorsieht, Epistel und Evangelium zu singen. Auch ein Psalm am Anfang kann nach dem Kantionale von dem, der den Gottesdienst hält, gesungen werden. Zwar ist für den Psalmgesang der Wechselgesang zweier Halbchöre vorgesehen, über diesen Formfehler dürfte man hier aber hinwegsehen dürfen. Durch das Singen wird der Gottesdienstteilnehmer auch emotional angesprochen und da entschädigt, wo das Rationale nicht mehr greift.

## 2. Die Gebete

*a) Das Kollektengebet*

Wählt man als Kollektengebet ein agendarisches Gebet, so sei auch hier darauf hingewiesen, dass die Agende das Singen als Möglichkeit anbietet. Auch Kollektengebete aus sonstigen Gebetbüchern fügen sich oftmals einem musikalischen Vortrag.

Möglich und empfehlenswert ist auch, vertraute Liedtexte mit Gebetscharakter als Kollektengebet zu sprechen. Ihr Wert liegt in der besonderen stimulierenden Wirkung des poetischen Charakters und in der Tatsache, dass man sie – aktivierend – gemeinsam sprechen kann, wozu man ausdrücklich auffordern sollte. Geeignet sind hier zum Beispiel:

> *Liebster Jesu, wir sind hier ... (EG 161)*
> *Aus tiefer Not schrei ich zu dir ... (EG 294)*
> *Herr Jesu Christ, dich zu uns wend ... (EG 155)*
> *Führe mich, o Herr, und leite meinen Gang ... (EG 445)*
> *(aus: Gott des Himmels und der Erden)*
> *Jesu, geh voran auf der Lebensbahn ... (EG 391)*
> *Herr, öffne mir die Herzenstür ... (EG 187)*
> *Mache mich zum guten Lande ... (EG 166)*
> *(aus: Tut mir auf die schöne Pforte)*
> *Mach in mir deinem Geiste Raum ... (EG 503)*
> *(aus: Geh aus, mein Herz, und suche Freud).*

*b) Das Fürbittengebet*

Das Fürbittengebet hat für den kranken alten Menschen einen ganz besonderen Wert. Er kann kaum noch etwas für andere tun. Das Fürbittengebet eröffnet ihm hingegen die Möglichkeit, noch für andere einzutreten. Er kann noch für andere beten. Zur Sprache kommen sollten hier nicht irgendwelche Personen oder Personengruppen, die gerade im Blickfeld der Öffentlichkeit stehen. Diese stehen in der Regel nicht im Blickfeld des altersverwirrten Menschen. Gebetet werden sollte für vertraute Personen, etwa für die Kinder, die Enkelkinder oder für die Pflegenden. In einem kleinen Kreis können diese Personen auch namentlich erwähnt werden. Wer mag, kann auch das Fürbittengebet gesanglich ausführen.

Auch beim Fürbittengebet besteht die Möglichkeit, einzelne Fürbitten gemeinsam zu sprechen. Es bieten sich hier bekannte Teile von Liedtexten an, zum Beispiel:

*Verschon uns, Gott, mit Strafen*
*und lass uns ruhig schlafen.*
*Und unsern kranken Nachbarn auch!*
*(aus: Der Mond ist aufgegangen ...;EG 482)*

*Alle, die mir sind verwandt,*
*Gott, lass ruhn in deiner Hand,*
*alle Menschen groß und klein*
*sollen dir befohlen sein.*
*(aus: Müde bin ich, geh zur Ruh ...;EG 484)*

*Kranken Herzen sende Ruh,*
*nasse Augen schließe zu.*
*(aus: Müde bin ich, geh zur Ruh...; EG 484)*

*Sonne der Gerechtigkeit,*
*gehe auf zu unsrer Zeit,*
*brich in deiner Kirche an,*
*dass die Welt es sehen kann.*
*Erbarm dich, Herr. (EG 263)*

## 3. Die Lieder

Im Zusammenhang mit dem seelsorgerlichen Gespräch wurde bereits auf die Verwendung des vertrauten Kirchenliedes hingewiesen. Was dort gesagt wurde, gilt auch hier. Dort wurden auch einige Lieder genannt, die erfahrungsgemäß bei alten Menschen allgemein bekannt sind (S. 47 f.). Darüber hinaus lassen sich im Gottesdienst auch sehr gut vertraute musikalische Kurzformen einsetzen, zum Beispiel:

*Von Aufgang der Sonne bis zu ihrem Niedergang*
*sei gelobet der Name des Herrn,*
*sei gelobet der Name des Herrn. (EG 456)*

*Danket, danket dem Herrn,*
*denn er ist sehr freundlich.*
*Seine Güt' und Wahrheit*
*währet ewiglich. (EG 336)*

*Alle gute Gabe kommt her von Gott, dem Herrn, drum*
*dankt ihm, dankt, drum dankt ihm, dankt und hofft auf ihn.*
*(aus: Wir pflügen und wir streuen...; EG 508)*

Im Gegensatz zum seelsorgerlichen Gespräch ist im Gottesdienst aber auch die Verwendung von neueren Kirchenliedern möglich. Diese müssen allerdings bestimmten Kriterien entsprechen. Sie müssen kurz sein, möglichst aus nur einem Satz bestehen und von ihrer Melodik her leicht eingängig sein. Sie sollten ohne Textvorlage durch wiederholtes Vorsprechen und Vorsingen aufzunehmen sein. Bei solchen Liedern zeigt sich, dass auch bei altersverwirrten Menschen noch längere Zeit eine gewisse spezifische Lernfähigkeit vorhanden ist. Geeignet sind hier zum Beispiel:

– verschiedene Amen-Formen,
– verschiedene Kyrie-Formen,
– verschiedenen Halleluja-Formen,
– verschiedene Hosianna-Formen,
– Herr, gib uns deinen Frieden,
– Gehn wir in Frieden...
– Fürchte dich nicht...
– Siehe, ich bin bei euch...

Wie sieht es mit mundartlichen Kirchenliedern aus? Viele alte Menschen sind in einer bestimmten Mundart zu Hause. Auch altersverwirrte Menschen äußern sich oftmals in der Mundart ihrer Herkunftsregion. Von daher könnte man meinen, solche Lieder seien hier besonders geeignet. Der Einsatz solcher Lieder ist aber problematisch. Zum einen haben wir in der Regel Menschen aus verschiedenen Dialektbereichen vor uns; nur ein Teil könnte daher mitsingen. Zum anderen ist es so, dass wohl die meisten der mundartlichen Kirchenlieder vor allem im plattdeutschen Bereich Neuschöpfungen sind. Sie müssten neu gelernt werden, was in der Regel der altersverwirrte Mensch nicht mehr leisten kann.

## 4. Die Predigt
### a) Grundsätzliches zur Predigt
Die Lernpsychologie, die sich auch mit dem Lernen im Alter beschäftigt hat, vermittelt einige Voraussetzungen, die erfüllt sein müssen, wenn das Lernen erfolgreich sein soll (Lehr 2007, S. 94 f.). Unter anderem wurde festgestellt:

- Die Informationsvermittlung muss langsam geschehen, da der alte Mensch zur Informationsverarbeitung mehr Zeit benötigt.
- Das Lernmaterial muss sinnvoll sein, d.h. der Sinnzusammenhang muss einsichtig sein und das Gesagte muss persönlich relevant sein.
- Alte Menschen benötigen mehr Wiederholungen.
- Es ist eine übersichtliche Gliederung und ein geringer Komplexitätsgrad notwendig.

Diese Erkenntnisse gelten für das normale Altern. Bei pathologischem Altern mit hirnorganischen Schäden muss dieses noch modifiziert werden. Wolf D. Oswald (1988, S. 186) weist darauf hin:

- „Bei pathologischem Altern (gemeint ist: bei der Alzheimer Krankheit und bei Multi-Infarkt-Demenz) ist die Abnahme der Speed-Leistungen fast dreimal so ausgeprägt wie beim normalen Altern." Dies erfordert ein sehr langsames Sprechen und eine geringe Anzahl von Informationskernen pro Zeiteinheit.
- Was das Sinnvolle anbetrifft, so reicht es nicht aus, dass die Inhalte für den alten Menschen relevant sind. Wichtig ist, dass sie an Altgedächtnisinhalte anknüpfen, mit den vorhandenen Gedächtnis- und Denkkapazitäten aufgegriffen werden können und möglichst über mehrere Sinneskanäle vermittelt werden.
- Wiederholungen müssen hier noch häufiger und in möglichst gleichförmiger Weise erfolgen.
- Die Gliederung muss nicht nur durchsichtig sein; sie muss sich auf möglichst wenige Gliederungspunkte beschränken.
- Es wirkt aktivierend, wenn der Hörer beteiligt wird.
- Schließlich ist darauf zu achten, dass die Predigt möglichst viele emotionale Impulse gibt.

*b) Vier Predigtbeispiele*
Im Folgenden werden vier Predigtbeispiele dargestellt. Sie unterscheiden sich vor allem in ihrem Schwierigkeitsgrad. Sie sind ausgerichtet auf zwei verschiedene Demenzgrade. Die ersten zwei Predigten sind an Hörer mit leichterer Demenz gerichtet, die beiden anderen an Hörer mit weiter fortgeschrittener Demenz. Den Predigten folgt jeweils ein Kommentar zur Vorgehensweise.

**Angenommene homiletische Situation bei leichterer Demenz:**
Der Prediger geht davon aus, dass die Konzentrationsfähigkeit der Hörerinnen und Hörer noch relativ gut ist. Das Kurzzeitgedächtnis, die Merkfähigkeit, ist punktuell vorhanden. Hörerinnen und Hörer können nicht nur einfache Sätze aufnehmen, sondern auch kurze

zusammenhängende Beschreibungen und Schilderungen mit vertrauter Thematik. Das Langzeitgedächtnis, das Altgedächtnis, ist noch voll vorhanden. Diese Situationsbeschreibung orientiert sich an der Dementengruppe 1 bei Weitzel-Polzer (Beiblatt).

*1) Abendgottesdienst*

Psalm 63,7
*Wenn ich mich zu Bette lege, so denke ich an dich,*
*wenn ich wach liege, sinne ich über dich nach.*

*Wenn ich mich zu Bette lege, so denke ich an dich,*
*wenn ich wach liege, sinne ich über dich nach.*

Liebe Gemeinde!
Wir haben uns in diesem Raum (Kapelle, Andachtsraum, Wohnzimmer) versammelt. – Wir, das sind Frau A, Herr C. ... (nur bei einer kleineren Personenzahl namentlich nennen) und ich, Pastor D. – Wir feiern einen Gottesdienst. – Es ist schon dunkel (auf die Fenster zeigen). Die Lampen sind eingeschaltet (auf die Lampen zeigen). Es ist Abend geworden. Bald gibt es Abendbrot. Bald gehen wir zu Bett. Wenn man so im Bett liegt, dann kommen Gedanken in einem hoch, Gedanken auch an früher, Kinderzeit, Elternhaus, Mutter, Vater. Wie war das früher am Abend?
Man isst am Abend zusammen mit Vater, Mutter, mit den Geschwistern, mit Großmutter, mit Großvater. Die Mutter zieht mich aus. Ich werde gewaschen mit Wasser aus der Schüssel. Das weiße Nachthemd wird angezogen. Es geht ins Bett. Mutter deckt mich zu. Mutter erzählt noch eine Geschichte, die Hände werden gefaltet (vormachen).

Es wird gebetet, etwa:
*Müde bin ich geh zur Ruh,*
*schließe beiden Äuglein zu;*
*Vater, lass die Augen dein*
*über meinem Bette sein. (EG 484)*

Sie erinnern sich. Lassen Sie es uns gemeinsam sprechen:
*Müde bin ich, geh zur Ruh...*

Oder die Mutter singt ein Lied vor, etwa:
*Weißt du, wieviel Sternlein stehen*
*an dem blauen Himmelszelt?*

*Weißt du, wieviel Wolken gehen*
*weithin über alle Welt?*
*Gott der Herr hat sie gezählet,*
*dass ihm auch nicht eines fehlet*
*an der ganzen großen Zahl,*
*an der ganzen großen Zahl. (EG 511)*

Sie erinnern sich. Wir singen es gemeinsam:
*Weißt du, wieviel Sternlein stehen...*

Sie erinnern sich. Sie kennen das noch.
*Wenn ich zu Bette gehe, so denke ich an dich -*
*so tut es auch der Mensch, der aus der Bibel zu uns spricht -*
*Wenn ich zu Bette gehe, so denke ich an dich.*

Wir sagen das einmal gemeinsam:
*Wenn ich zu Bette gehe, so denke ich an dich.*

Manch einer hat Angst vor dem Zu-Bette-Gehen. Er denkt: Ich liege
da und kann nicht schlafen. Ich liege wach. Ich kriege kein Auge zu.
Ich grübele. Sorgen kommen hoch, von früher: der Krieg, die Flucht.
Habe viel durchgemacht. Sorgen von heute: um die Kinder, um die
Enkelkinder, Sorgen um meine Gesundheit, Einsamkeit.

Nicht schlafen können, wach liegen, kein Auge zutun, grübeln, sich
Sorgen machen. Auch der Mensch aus der Bibel kennt das, fühlt
das. Er sagt:
*Wenn ich wach liege, sinne ich über dich nach.*
*Wenn ich wach liege, sinne ich über dich nach.*

Wir sagen uns das einmal alle:
*Wenn ich wach liege, sinne ich über dich nach.*

Über Gott nachsinnen – über Gott nachsinnen. Was wird uns da ein-
fallen? Vielleicht:
*„Er weidet mich auf einer grünen Aue."*
*„Er führet mich zum frischen Wasser".*
*„Ich bin das Licht der Welt".*

– grüne Auen – frisches Wasser – Licht – Gaben Gottes
*„Ich bin bei euch alle Tage". – Versprechen von Christus.*
*„In wieviel Not hat nicht der gnädige Gott über dir Flügel gebreitet."*
*„In wieviel Not hat nicht der gnädige Gott über dir Flügel gebreitet."*

– über dir Flügel gebreitet, ja:
*„Breit aus die Flügel beide,*
*o Jesu, meine Freude,*
*und nimm dein Küchlein ein.*
*Will Satan mich verschlingen,*
*so lass die Englein singen:*
*`Dies Kind soll unverletzet sein.´ "* *(EG 477)*
(nach der Predigt singen lassen)

Wenn ich wach liege, sinne ich über dich nach. Darüber mag man
nachsinnen, wenn man wach liegt und nicht schlafen kann: über die
grünen Auen, über das frische Wasser, über das Licht, über das: Ich
bin bei euch, über die Flügel Gottes, die über uns gebreitet sind.
*Wenn ich wach liege, sinne ich über dich nach.*
Das sagen wir uns noch einmal gemeinsam:
*Wenn ich wach liege, sinne ich über dich nach.*
*Amen.*

Kommentar:
Die Predigt, die langsam gesprochen etwa acht Minuten dauert, enthält
zwei Kerngedanken: Wenn ich mich zu Bette lege, so denke ich an
dich; wenn ich wach liege, sinne ich über dich nach. Der erste Gedanke
wird untermauert durch eine kurze Beschreibung einer Kindheitssi-
tuation. Der zweite Gedanke wird ausgeführt durch ein immer wieder-
kehrendes und daher erinnerliches Erleben aus der Gegenwart. Beide
Gedanken werden durch vorgesprochene und gemeinsam gesprochene
Wiederholungen präsent gehalten.
Was den Zeitbezug anbetrifft, so bewegt sich die Predigt einmal in der
Vergangenheit: Ein Kindheitserlebnis wird geschildert, früher gelernte Gebete, Lieder und Sätze werden aufgenommen. Zum anderen bewegt sich die Predigt aber auch in der Gegenwart. Der Einstieg ist im
Stil des Realitätsorientierungstrainings gestaltet. Es wird bewusstge-
macht, wo wir sind (räumlich), wer versammelt ist (personal), welche
Tageszeit wir haben (zeitlich), was wir tun (situativ). Ferner wird das
in der Gegenwart immer wieder vorkommende Erleben der Schlaflo-
sigkeit thematisiert.
Die Predigt enthält einige aktivierende Elemente. Früherinnerungen
werden reaktiviert. Es wird das Mittun ermöglicht. Es wird gemeinsam
wiederholt. Ein Text wird gemeinsam gesprochen. Ein Lied wird
gemeinsam gesungen.
Über die Emotionalität der Predigt ist zu sagen, dass hier Erfolgserlebnisse ermöglicht werden: Das kenne ich. Das kann ich noch.
Emotional wirksam sind auch die poetischen und musikalischen

Elemente sowie bestätigende Formulierungen wie: Sie erinnern sich. Das können Sie noch.

*2) Der sinkende Petrus (Matthäus 14, 25 – 31 verkürzt)*
Liebe Gemeinde!
Ich habe ein Buch mitgebracht, ein altes biblisches Geschichtsbuch (deutlich vorzeigen, eventuell jedem einzelnen). Jeder hatte wohl früher so eins, in der Schule, im Konfirmandenunterricht. Der Lehrer hat daraus erzählt. Der Pastor hat daraus erzählt. Sie selbst haben darin gelesen. Ich will heute eine Geschichte daraus erzählen: *Eines Tages waren die Jünger Jesu mit einem Schiff auf dem Meer. Jesus kam auf dem Wasser zu ihnen. Die Jünger aber erschraken. Sie schrien vor Furcht. Aber bald redete Jesus mit ihnen und sprach: Fürchtet euch nicht! Fürchtet euch nicht! (Hervorhebung durch Wiederholung).*
*Petrus aber antwortete ihm und sprach: Herr, bist du es, so heiß mich zu dir kommen auf dem Wasser. Und er sprach: Komm her'. Und Petrus trat aus dem Schiff und ging auf dem Wasser, dass er zu Jesu käme. Er sah aber einen starken Wind. Da erschrak er und hob an zu sinken, schrie und sprach: Herr hilf mir. Jesus aber reckte bald die Hand aus und ergriff ihn. Jesus aber reckte bald die Hand aus und ergriff ihn (Hervorhebung durch Wiederholung).*
Die Hand des Herrn. Alle Zeit ist sie ausgestreckt, allezeit, für Jung und Alt, für Gesunde und Kranke, besonders, wenn wir Angst haben, wenn wir nicht weiter wissen. Ich bin bei euch alle Tage, hat Jesus gesagt. Ich bin bei euch alle Tage.

Die Hand des Herrn. Oft ist davon gesungen worden:

> *Jesu geh voran, auf der Lebensbahn!*
> *Und wir wollen nicht verweilen,*
> *dir getreulich nachzueilen,*
> *führ uns an der Hand bis ins Vaterland,*
> *führ uns an der Hand bis ins Vaterland. (EG 391)*

Wir sprechen das einmal gemeinsam:
> *Jesu geh voran...*

Und nun singen wir das einmal:
> *Jesu geh voran...*

Die Hand des Herrn. Oft ist nach ihr gerufen worden. Da gibt es ein Gebet. Wir haben es einmal gelernt. Wir sprechen es gemeinsam:

*So nimm denn meine Hände*
*und führe mich*
*bis an mein selig Ende*
*und ewiglich.*
*Ich mag allein nicht gehen,*
*nicht einen Schritt;*
*wo du wirst gehn und stehen,*
*da nimm mich mit. (EG 376)*

Auch das kann man singen. Wir tun das einmal:
*So nimm denn meine Hände...*

Die Hand des Herrn. Alle Zeit ist sie ausgestreckt, allezeit, für Jung und Alt, für Gesunde und Kranke, besonders, wenn wir Angst haben, wenn wir nicht weiter wissen. In bin bei euch alle Tage, hat Jesus gesagt. Ich bin bei euch alle Tage. Die Hand des Herrn. Da sagt jemand:

*Er reicht mir seine Hand,*
*wo ich auch sei im Land.*
*(Aus: Von Gott will ich nicht lassen; EG 365)*

Wir sagen das einmal gemeinsam:
*Er reicht mir seine Hand...*

Die Hand des Herrn. Da sagt sich jemand:
*Ich steh in meines Herren Hand*
*und will drin stehen bleiben. (EG 374)*

Wir sprechen das einmal zusammen:
*Ich steh in meines Herren Hand...*
*Amen.*

Kommentar:
Die Predigt dauert etwa sieben Minuten. Sie enthält nur einen Kerngedanken: das Gehalten-Sein. Es wird zurückgegriffen auf das Bild der Hand, das in zahlreichen im Altgedächtnis auftauchenden Texten enthalten ist. Ausgangspunkt ist die Geschichte vom sinkenden Petrus, eine häufig vermittelte Geschichte, mit deren Wiedererkennen zu rechnen ist. Die Geschichte wird in einer älteren Sprachform erzählt. Die Auslegung der biblischen Geschichte geschieht mittels Vergegenwärtigung von Texten, die im Altgedächtnis gespeichert sind und mit deren häufiger Anwendung zu rechnen ist.

Die Texte haben lyrischen, zum Teil musikalischen Charakter, wodurch die Aussage auf die emotionale Erlebnisebene gebracht wird. Zur Festigung der Aussage wird das Mittel der wörtlichen Wiederholung eingesetzt.

**Angenommene homiletische Situation bei schon fortgeschrittener Demenz:**
Der Prediger geht davon aus, dass die Konzentrationsfähigkeit des Hörers nur für wenige Minuten vorhanden ist. Das Kurzzeitgedächtnis, die Merkfähigkeit, ist nicht mehr vorhanden. Das Langzeitgedächtnis, das Altgedächtnis, ist nur noch in Bruchstücken vorhanden. Aufnahmefähig ist der Hörer für einfache Sätze, nicht mehr für zusammenhängende Darstellungen. Diese Situationsbeschreibung orientiert sich an der Dementengruppe 2 bei Weitzel-Polzer (Beiblatt).

*3) Gottesdienst mit Abendmahl*
  Psalm 23,1 – 2
  *Der Herr ist mein Hirte. -*
  *Mir wird nichts mangeln. -*
  *Er weidet mich auf einer grünen Aue -*
  *und führet mich zum frischen Wasser*

Liebe Gemeinde!
Sie kennen diese Worte. Einige haben genickt. Einige haben die Lippen bewegt. Wir sprechen das einmal gemeinsam:

  *Der Herr ist mein Hirte. Mir wird nichts mangeln.*
  *Er weidet mich auf einer grünen Aue*
  *und führet mich zum frischen Wasser.*

Der Herr ist mein Hirte. Er führet mich zum frischen Wasser.
Ich habe ein Bild mitgebracht (Dia, das den guten Hirten darstellt). Wir sehen (Fingerhinweis) eine grüne Weide. Da sind Schafe, eins, zwei, drei, vier, fünf, sechs Schafe. In der Mitte (Fingerhinweis) steht ein Mann. Es ist Jesus, der gute Hirte. Recht freundlich sieht er aus, gütig, fürsorglich. Und da (Fingerhinweis) ist Wasser – schönes frisches Wasser.

  *Der Herr ist mein Hirte. Er führet mich zum frischen Wasser.*

Wir sagen uns das einmal gemeinsam:
  *Der Herr ist mein Hirte. Er führet mich zum frischen Wasser.*

Da gibt es ein Lied - aus der Kinderzeit (EKG 479, nicht im EG). Viele haben es gelernt. Manch einer kennt es noch:

> *Weil ich Jesu Schäflein bin,*
> *freu ich mich nur immerhin*
> *über meinen guten Hirten,*
> *der mich wohl weiß zu bewirten,*
> *der mich liebet, der mich kennt*
> *und bei meinem Namen nennt.*

Ich merke: Mehrere kennen es. Wir sprechen es einmal gemeinsam:
> *Weil ich Jesu Schäflein bin ...*

Das ist ein Lied. Man kann es singen. Wir tun das einmal:
> *Weil ich Jesu Schäflein bin ...*

> *Der Her ist mein Hirte.*
> *Er führet mich zum frischen Wasser.*
> *Der Herr ist mein Hirte, der mich wohl weiß zu bewirten.*

Wir sagen uns das gemeinsam:
> *Der Herr ist mein Hirte, der mich wohl weiß zu bewirten.*

Der mich wohl weiß zu bewirten. Ich haben einen Kelch in der Hand (deutlich vorzeigen). In der Bibel heißt es:
> *Schmecket und sehet, wie freundlich der Herr ist.*
> *Schmecket und sehet, wie freundlich der Herr ist.*

Ich habe hier eine Oblate in der Hand. Jesus sagt:
> *Ich bin das Brot des Lebens.*
> *Ich bin das Brot des Lebens.*
> *Der Herr ist mein Hirte. Er führet mich zum frischen Wasser.*
> *Der Herr ist mein Hirte, der mich wohl weiß zu bewirten.*
> *Der Herr ist mein Hirte, deshalb freu ich mich nur immerhin.*

Wir sagen das gemeinsam:
> *Der Herr ist mein Hirte, deshalb freu ich mich nur immerhin.*

Deshalb freu ich mich nur immerhin. Deshalb freu ich mich.
Wir dürfen uns freuen. Freuen dürfen wir uns, freuen.

Wir zeigen die Freude.
– Wir heben die Arme in die Luft (vormachen).

– Wir legen dem Nachbarn die Hand auf die Schultern (vormachen).
– Wir geben dem Nachbarn die Hand (vormachen).

Wir sagen gemeinsam:
*Der Herr ist mein Hirte, deshalb freu ich mich nur immerhin.*
*Amen.*

Kommentar:
Die Predigt, die bei langsamem Sprechen etwa fünf Minuten dauert, enthält nur einen vertrauten Gedanken: Der Herr ist mein Hirte. Dieser Gedanke wird durch vertraute Sätze umspielt, entfaltet: Er führet mich zum frischen Wasser. Der mich wohl weiß zu bewirten. Deshalb freu ich mich, ist kein neuer Gedanke. Hier wird lediglich explizit ausgesagt, was in den anderen Entfaltungen implizit-emotional schon mitschwingt. Die Gedanken werden festgehalten durch zahlreiche Wiederholungen mit gleichbleibenden Elementen, die vorgesprochen bzw. gemeinsam gesprochen werden. Weiterhin wird die akustische Wahrnehmung durch optische Wahrnehmung unterstützt (Bild, Kelch und Oblate).
Was den Zeitbezug anbetrifft, so bewegt sich die Predigt ausschließlich in der Vergangenheit, arbeitet ausschließlich mit Restbeständen des Altgedächtnisses. Systematisch gelernte Sätze und Texte mit einer mnemotechnischen Qualität (Reim) werden als noch vorhandene Bruchstücke des Altgedächtnisses vermutet.
Was das Aktivierungspotenzial anbetrifft, so wird Erinnerung an systematisch Gelerntes reaktiviert. Es wird gemeinsam wiederholt. Vertraute Texte werden gemeinsam gesprochen. Es wird gemeinsam gesungen. Es wird Körperbewegung ermöglicht.
Die Predigt ist sehr stark auf emotionale Wirkung ausgerichtet. Gefühle werden ausgelöst durch das Wiedererkennen: Das kenne ich und die Reproduktion: Das kann ich noch. Hinzu kommt der poetische und der musikalische Charakter einiger Teile. Hinzu kommt die emotionsträchtige Begrifflichkeit, wie z. B.: grüne Auen, frisches Wasser, Schäflein, lieben, erfreuen.

4) Psalm 91,11
*Er hat seinen Engeln befohlen,*
*dass sie dich behüten auf allen*
*deinen Wegen.*
(An der Wand/Leinwand ist eine Engelsgestalt zu sehen; etwa aus dem Chronikteil einer alten Familienbibel; vergrößern und auf Folie bringen)

Liebe Gemeinde!
Ein Engel, ein schöner, großer Engel. Da sind Flügel, ausgebreitete Hände, ein freundliches Gesicht. Ein schöner, großer Engel. Manch einer kennt sie – solche Engel, von zu Hause. Engelsbilder im Wohnzimmer, im Schlafzimmer, im Flur wie hier. Engel, sie loben Gott.

*Alles, was dich preisen kann,*
*Cherubim und Seraphinen,*
*stimmen dir ein Loblied an,*
*alle Engel, die dir dienen,*
*rufen dir stets ohne Ruh,*
*heilig, heilig, heilig zu.*
*(aus: Großer Gott, wir loben dich; EG 331)*

Wir sprechen das einmal gemeinsam.
*Alles, was dich preisen kann...*

Und nun singen wir dies Lied.
*Alles, was dich preisen kann...*

(Erneut auf das Bild weisen.) Ein Engel, ein schöner, großer Engel. Da sind Flügel, ausgebreitete Hände, ein freundliches Gesicht, ein schöner, großer Engel.

Engel, sie schützen uns. Manch einer betet:
*Dein heiliger Engel sei mit mir, dass der böse Feind keine Macht*
*an mir finde.*

Wir sagen das einmal gemeinsam:
*Dein heiliger Engel...*

Manch einer hat abends die Engel besungen:

*Guten Abend, gut' Nacht, von Englein bewacht,*
*die zeigen im Traum*
*dir Christkindleins Baum.*
*Schlaf nun selig und süß,*
*schau im Traum's Paradies.*

Wir singen das einmal gemeinsam (eventuell wiederholt):
*Guten Abend, gut' Nacht...*

(Erneut auf das Bild weisen.) Ein Engel, ein schöner, großer Engel. Da sind Flügel, ausgestreckte Hände, ein freundliches Gesicht. Ein schöner, großer Engel.

*Gottes Engel halten Wacht, über dir bei Tag und Nacht.*
*Gottes Engel halten Wacht, über dir bei Tag und Nacht.*

Wir sagen uns das gemeinsam:
*Gottes Engel halten Wacht...*
*Amen.*

Kommentar:
Die Predigt dauert etwa vier Minuten. Sie kreist um die Engel. Engel spielen im Altgedächtnis der jetzt alten Menschen eine weit größere Rolle, als das heute der Fall ist. Bilder von Engeln waren in vielen Wohnungen und an vielen Häusern zu finden. Wieder wird auf vertraute, lyrische und singbare Texte zurückgegriffen, in denen Engel vorkommen. Die Predigt nimmt immer wieder Bezug auf einen optischen Hintergrund.

Bei Weitzel-Polzer (Beiblatt) wird noch eine 3. Dementengruppe beschrieben. Sie ist gekennzeichnet durch: nur noch momentane Konzentration, weitgehendes Erloschensein des Kurz- und Langzeitgedächtnisses, Verständigungsmöglichkeiten nur noch über einzelne Wörter oder Satzteile. Eine Predigt, die gezielt auf diese Gruppe ausgerichtet ist, dürfte nicht mehr möglich sein. Das heißt aber nicht, dass die Teilnahme am Gottesdienst sinnlos ist. Insbesondere die musikalischen Elemente und das Erlebnis von Gemeinschaft können diese Menschen aufbauen.

Auf eine oft gestellten Frage soll eingegangen werden. Sie bezieht sich auf Heimsituationen, in denen Verwirrte und nicht Verwirrte am Gottesdienst teilnehmen. Es ist die Frage: Wie werde ich beiden gerecht? Muss nicht ein Gottesdienst, der speziell auf die Bedürfnisse altersverwirrter Menschen zugeschnitten ist, für die anderen unbefriedigend bleiben? Diese Frage stellt sich besonders im Hinblick auf die Predigt. Alle anderen Teile des Gottesdienstes dürften weniger dieses Problem in sich bergen. Will man nicht verschiedene Gottesdienste mit unterschiedlichem Zuschnitt halten, so wäre eine Möglichkeit die generelle Orientierung an den vermeintlich Schwächsten, nämlich an den Verwirrten. Aber haben nicht auch die geistig noch Regen ihre Lasten zu tragen? Wer mag hier unterschiedlich gewichten? Vielleicht ist es ein gangbarer Weg, von Mal zu Mal die Anlage der Predigt zu wechseln. Vielleicht wird das

Problem aber auch überschätzt. Auch die Predigt im normalen Gottesdienst erreicht nicht alle, weil eben nicht alles für jeden und jede hier und jetzt relevant ist oder das gewählte Prediggenus nicht jede und jeden anspricht. Ermutigend ist das Erlebnis einer Pastorin, die eine Predigt hielt, die ganz und gar auf demente Menschen zugeschnitten war. Nach dem Gottesdienst erhielt sie von nicht dementen Gottesdienstbesuchern die Rückmeldung: Heute haben Sie aber wirklich verständlich gepredigt.

## 5. Das Abendmahl

Es wurde bereits mehrfach erwähnt, wie wichtig es ist, dass im Umgang mit altersverwirrten Menschen möglichst viele Sinne angeregt werden. Dieses ist beim Abendmahl der Fall. Hier gibt es – sogar musikalisch – etwas zu hören, zu sehen, zu riechen, zu schmecken und zu betasten. Die Gegenwart Gottes wird hier über eine Vielzahl von Sinneskanälen erfahren.

Wichtig ist, dass der altersverwirrte Mensch das Abendmahl in der Weise feiert, wie er es von früher her gewohnt ist. Das heißt, auf modernisierte Formulierungen der liturgischen Texte sollte man verzichten. Auch von einer verkürzten Abendmahlsfeier ist abzuraten, weil dieses als ein nicht ganz richtiges, vielleicht sogar ein nicht gültiges Abendmahl empfunden werden könnte. Abzulehnen ist unter dem Gesichtspunkt der Vertrautheit auch die Verwendung von Traubensaft statt Wein oder die Verwendung von Brot statt Oblate. Auch ist dem altersverwirrten Menschen der Einsatz von Einzelkelchen nicht vertraut. Es hat einmal jemand „Prost" gesagt. Bei der Austeilung sollte man, wie gewohnt, die Oblate in den Mund, nicht in die Hand geben.

Was die Häufigkeit der Abendmahlsfeier anbetrifft, so vollziehen viele alte Menschen die zu begrüßende Vermehrung der Abendmahlsfeiern nicht mit. Für sie gehört das Abendmahl sozialisationsbedingt an nur wenige Stationen des Kirchenjahres, was letztlich zu akzeptieren ist. Bei altersverwirrten Menschen ist die Situation allerdings anders. Sie haben oftmals ihre letzte Abendmahlsfeier bald vergessen und haben auch kein Zeitbewusstsein für das Kirchenjahr. Von daher ist hier eine häufigere Abendmahlspraxis zu empfehlen.

## 6. Die Beichte

Alte Menschen haben oftmals eine sehr gesetzliche Frömmigkeit. Dieses macht im besonderen Maße sensibel für Schuldgefühle, seien sie berechtigt oder unangebracht. Ein strenges Gewissen kann sogar die Ursache für Verwirrtheit sein. Der Mensch, der von seinem Gewissen in unerträglicher Weise geplagt wird, flüchtet sich in die Verwirrtheit. Bestimmte Begleitsymptome der Demenz können im Zusammenhang mit Schulderlebnissen stehen. Dieses gilt für Wahnvorstellungen und Halluzinationen (Tölle 2006, S. 173 ff.). Dieses gilt auch für Depressionen. Als besonders belastend kommt hinzu, dass bei altersverwirrten Menschen mit hirnorganischen Schäden Abwehrmechanismen wie Verleugnen, Projizieren, Abwerten, Verschieben nicht mehr funktionieren. Bei all dem kann die Beichte zu einer Entspannung, Erleichterung, Befreiung, Versöhnung mit Gott und sich selbst werden.

Beichte kann in verschiedenen Formen geschehen. Bei einem altersverwirrten Menschen ist zu fragen, welche Form ihm vertraut ist, welche seiner Biografie entspricht, welche in seinem Altgedächtnis präsent ist. Dieses wird in der Regel nicht die Einzelbeichte, verbunden mit einem Beichtgespräch sein. Sie war auch damals nicht Regelpraxis. Mit Beichte verbindet der altersverwirrte Mensch in der Regel die gemeinsame Beichte in der gottesdienstlichen Gemeinschaft. Sie sollte häufiger vollzogen werden. Dabei sollte man sich streng an die agendarische, nicht modernisierte Form halten. Die vertrauten Beichtfragen werden auch von dementen Menschen zumeist beantwortet. Die Absolution sollte man persönlich zusprechen und mit dem Auflegen der Hände verbinden, so dass das Geschehen der Vergebung hörbar, sehbar und fühlbar wird.

## III. Die Atmosphäre im gottesdienstlichen Raum

Ein Aufenthaltsraum im Heim, in dem Gottesdienst stattfindet, oder ein Zimmer zu Hause ist keine Kirche. Dennoch sollte man versuchen, sich der Kirchenatmosphäre ein wenig anzunähern. Für den altersverwirrten Menschen ist es wichtig, dass er auch visuell wahrnimmt, dass hier Gottesdienst gefeiert wird. Es sollte ein Altar aufgebaut werden mit einem Kreuz, mit einer Bibel und einem Antependium in der passenden liturgischen Farbe, möglichst mit einer aussagekräftigen Darstellung, die allerdings nicht zu abstrakt sein sollte. Von besonderem Wert sind die Kerzen, die man recht zahlreich verwenden sollte. Sie sind nicht nur ein visueller Hinweis, sie sprechen auch über den Geruchssinn an, welcher der stärkste Auslöser von Erinnerungen ist. All das weckt Aufmerksamkeit, fördert die räumliche und situative Orientierung und entfacht Gefühle.

Viele Heime sind in der glücklichen Lage, dass sie einen speziellen Gottesdienstraum haben. Bei der Ausgestaltung dieses Raumes ist auf die speziellen Bedürfnisse alter Menschen zu achten. Es ist zu fragen: Was ist unter dem biografischen Aspekt angemessen? Was war auch damals in den Kirchen anzutreffen? Oftmals ist die Neigung vorhanden, analog zu moderner Pflegetechnik auch moderne Kirchenkunst bei der Ausgestaltung zu verwenden. Davon ist abzuraten. Künstlerische Darstellungen, die erst über einen längeren Meditationsprozess erschlossen werden können, die das ja nicht mehr vorhandene abstrakte Denken fordern, sagen altersverwirrten Menschen nichts. Sie brauchen Darstellungen, die eine unmittelbare Erkenntnis ermöglichen.

Schließlich sind es die versammelten Menschen, welche die Atmosphäre im Raum mitbestimmen. Der Pastor oder die Pastorin, der Diakon oder die Diakonin sollte auf jeden Fall im Talar erscheinen. Andere liturgische Gewänder sind schön und grundsätzlich auch sinnvoll. Demente Protestanten könnten sie aber verwirren und den Eindruck erwecken, sie seien an die andere Konfession geraten. Die Angehörigen sollten zum Gottesdienst eingeladen werden. Der Gottesdienst sollte für die ganze Gemeinde offen sein. Mitarbeiter, die sich aus ihrer Arbeit lösen können, sollten teilnehmen. Auf diese Weise werden das Gemeinschaftserlebnis verstärkt und der Gesang voluminöser, was wiederum stimulierend wirkt.

# D. Seelsorge in der Gruppe

## I. Themenbezogene Gruppenarbeit

### 1. Grundsatzfragen

Während Seelsorge lange Zeit ausschließlich eine face-to-face-Kommunikation, eine Begegnung unter vier Augen, war, setzt sich mehr und mehr auch der Gedanke einer Gruppenseelsorge durch. Geeignet ist sie für Menschen im frühen und mittleren Stadium der Demenz. Gruppenseelsorge hat ökonomische Vorteile. Durch Gruppenseelsorge lassen sich einfach mehr Menschen erreichen. Themenbezogene Gruppenangebote werden (hoffentlich) auch von anderen Berufsgruppen gemacht. Als Themen findet man zum Beispiel: Wandern, Tiere, Familie, Mode, Bäume, Musik, Fabeln und Märchen, Blumen, Spiele (Klausing 1988, S. 314 ff.) oder: Essen, Pflanzen, Feste, Sport (Pfrogner 1988, S. 446). Es müssen nicht nur profane Themen sein. Warum nicht auch theologische Themen, die von seelsorgerlicher Relevanz sind?

Gruppenangebote orientieren sich an unterschiedlichen Gestaltungsprinzipien. Sie gehören u. a. zu den Bereichen: Wahrnehmungstraining, Gedächtnistraining, Realitätsorientierungstraining, Konzept Lebensrückblick, Poesietherapie, Musiktherapie, Beschäftigungstherapie. Solche Prinzipien sind auch hilfreich für die Gestaltung von Seelsorge in der Gruppe.

Bei der Gestaltung einer Gruppenveranstaltung sollten folgende Dimensionen bedacht werden:
– kognitive Dimension,
– emotionale Dimension,
– psychomotorische Dimension,
– soziale Dimension.

Diese Dimensionen stehen natürlich nicht isoliert nebeneinander, sondern sind in der Praxis weitgehend miteinander verquickt.

Folgende Aufgaben stellen sich für den Seelsorger im Vorfeld der Veranstaltung:
– Themenfindung,
– Planung und Strukturierung unter dem Gesichtspunkt: Wo stehen diese Menschen? Das heißt: Berücksichtigung der Vergangenheitsorientierung und der Reentwicklung (Diakonia),
– Planung und Strukturierung unter den Zielaspekten: Orientierungsförderung in Gegenwart und Vergangenheit, in der Welt und vor Gott (Kerygma), Planung und Strukturierung unter dem Aspekt: Wie kann Gemeinschaft gefördert werden? (Koinonia).

Im Vollzug der Veranstaltung gilt u.a. Folgendes als Leiterverhalten:
– aktivieren, stimulieren, anregen durch verschiedene Medien und über verschiedene Sinneskanäle
– strukturieren, lenken, weiterführen, aber auch Freiraum lassen für narrative Äußerungen
– korrigieren
– positiv verstärken, ermutigen, Selbstvertrauen aufbauen, Erfolgserlebnisse herstellen und betonen
– zuwenden, annehmen, stützen.

Im Folgenden werden einige thematische Gruppenveranstaltungen beschrieben. Es handelt sich um Muster, die zu eigenem Gestalten einladen sollen. Sie mögen phantasievoll verändert werden. Je nach dem Leistungsvermögen der Gruppe werden Kürzungen und Abwandlungen nötig sein.

Was die Zusammensetzung der Gruppe anbetrifft, so sollten alle Teilnehmer altersverwirrte Menschen sein. Hier empfiehlt sich die Integration nicht, da orientierte Teilnehmer sich unterfordert oder gar veralbert vorkommen könnten. Was die Teilnehmerzahl anbetrifft, so sind sechs Teilnehmer das absolute Maximum. Günstig ist, wenn man in dieser Arbeit noch jemand hinzunimmt, etwa eine ehrenamtliche Mitarbeiterin oder einen ehrenamtlichen Mitarbeiter. Diese Person sollte man dann allerdings an der Planung des Treffens beteiligen. Was die Dauer anbetrifft, so wird man vor Ort spüren, wann die Teilnehmer ermüden. Über 45 Minuten sollte man aber nicht hinausgehen.

## 2. Ausgeführte thematische Gruppenveranstaltungen

*a) Thema „Schöpfung"*

- Vorlage: Bild der Sonne.
  Wir lassen das Bild betrachten.
  *Frage: Was ist das?*
  Vorsummen oder vorspielen: „Die güld'ne Sonne." (EG 449)
  *Frage: Wer kennt das Lied?*
  Strophe 1 gemeinsam sprechen.
  Strophe 1 gemeinsam singen
- Vorlage: Bild des Mondes.
  Wir lassen das Bild betrachten.
  *Frage: Was ist das?*
  *Frage: Wer kennt ein Lied über den Mond?*
  Vermutliche Nennung: „Der Mond ist aufgegangen". (EG 482)
  Strophe 1 gemeinsam sprechen.
  Strophe 1 gemeinsam singen.
- Vorlage: gelbe Knetmasse, sternförmiger Ausstecher.
  Jeder sticht einen Stern aus.
  Vorsummen oder vorspielen.: „Weißt du, wieviel Sternlein stehen?" (EG 511)
  *Frage: Wer kennt das Lied?*
  Strophe 1 gemeinsam sprechen.
  Strophe 1 gemeinsam singen.
  Sonne, Mond und Sterne werden noch einmal genannt.
  *Impuls: Nun lasst uns Gott dem Herren Dank sagen und ihn ehren*

*für alle seine Gaben, die wir empfangen haben. (EG 320)*
(oder: Alle gute Gabe ...).
Gemeinsam sprechen.
Gemeinsam singen.
– Vorlage: z. B. Möhren, Äpfel, Birnen.
Wir lassen betrachten, betasten, benennen, schmecken.
*Frage: Was kann man z. B. mit Äpfeln machen?*
Eventuell Erlebnisse erzählen lassen.
– Vorlage: z. B. Stiefmütterchen, Osterglocke, Rose.
Wir lassen betrachten, betasten, benennen, riechen.
Wir stellen die Blumen in einer Vase zusammen.
*Frage: Wo soll die Vase stehen?*
Alle Früchte und Blumen werden noch einmal genannt.
*Impuls: Nun lasst uns Gott dem Herren...*
Gemeinsam sprechen. Gemeinsam singen.
– Vorlage: z. B. Figur eines Hundes, einer Katze.
Wir lassen betrachten, betasten, benennen.
*Frage: Wer hatte z. B. einen Hund?* Eventuell Erlebnisse erzählen
lassen.
Wir imitieren Tierlaute.
Alle Tiergestalten werden noch einmal genannt.
*Impuls: Nun lasst uns Gott dem Herren...*
Gemeinsam sprechen.
Gemeinsam singen.
– Vorlage: Bild von einem Mann, Bild von einer Frau als Puzzle,
bestehend aus maximal vier Teilen.
Wir lassen die Puzzles zusammensetzen.
– Vorlage: Bild von einem Kind, Bild von einem Menschen im mitt-
leren Alter, Bild von einem älteren Menschen.
Wir lassen betrachten und benennen.
Jeder bewachtet sich in einem Spiegel.
Jeder nennt sich mit Namen.
Wir benennen den Nachbarn mit Namen.
Wir berühren den Nachbarn, halten die Hände....
Wir singen gemeinsam: Nun lasst uns Gott dem Herren...

*b) Thema „Bewahrung"*

Wir legen die Hand auf das rechte Bein.
    Wir legen die Hand auf das linke Bein.
    Wir legen die Hand auf den Bauch.
    Wir legen die Hand auf die Brust.
    Wir legen die Hand auf die Stirn.

Wir umfassen den Kopf.

Vorsummen oder vorspielen: Nun lasst uns Gott dem Herren...

*Frage: Wer kennt das Lied?*

Gemeinsam sprechen:

*Nun lasst uns Gott dem Herren*
*Dank sagen und ihn ehren*
*für alle seine Gaben,*
*die wir empfangen haben.*

*Den Leib, die Seel, das Leben*
*hat er allein uns geben;*
*dieselben zu bewahren,*
*tut er nie etwas sparen.*

Gemeinsam singen.

*Impuls: „Dieselben zu bewahren, tut er nie etwas sparen."*
Gemeinsam sprechen.

– Einfälle provozieren: Hände, was können Hände alles tun?

Bildvorlage: Jesus segnet.

Bildelemente benennen lassen.

*Impuls: Jesus spricht: „Ich bin bei euch alle Tage."* (Matthäus 28,20)

Gemeinsam sprechen.

Bildvorlage: Ein Mensch mit gefalteten Händen.

Bild beschreiben lassen.

*Frage: In welchem Lied kommen die Hände vor?*

Vermutliche Nennung: So nimm denn meine Hände...

Gemeinsam sprechen:

So nimm denn meine Hände und führe mich bis an mein selig Ende und ewiglich.

Ich mag allein nicht gehen, nicht einen Schritt;

wo du wirst gehen und stehen, da nimm mich mit. (EG 376)

Gemeinsam singen.

– Wir legen die Hand auf die Herzstelle.

*Frage: Wie macht das Herz?*

Wir imitieren den Herzrhythmus.

Wir suchen Wortverbindungen mit „Herz".

*Frage: Es gibt ein Gebet mit „Herz". Wer kennt es?*

Wir sprechen gemeinsam:

Ich bin klein, mein Herz mach rein,

soll niemand drin wohnen als Jesus allein.

*Impuls: Jesus spricht: „Euer Herz soll sich freuen."*
(Johannes 16,22)
Wir sprechen das gemeinsam.
Vorsummen oder vorspielen: Bis hierher hat mich Gott gebracht...
*Frage: Wer kennt das?*
Wir sprechen gemeinsam:
Bis hierher hat Gott mich gebracht
durch seine große Güte,
bis hierher hat er Tag und Nacht
bewahrt Herz und Gemüte,
bis hierher hat er mich geleit',
bis hierher hat er mich erfreut,
bis hierher hat er mir geholfen. (EG 329)
Wir singen das gemeinsam.
*Impuls: „Bewahrt Herz und Gemüte".*
Gemeinsam sprechen.
– Wir atmen wiederholt ein und aus.
Erzählung: Gott blies den Odem ein (1. Mose 2,5 – 7)
Wir vertonen das Ausatmen mit O.
Wir singen:
Lobe den Herren, was in mir ist,
lobe den Namen.
Alles, was Odem hat, lobe mit Abrahams Samen.
Er ist dein Licht, Seele, vergiss es ja nicht.
Lobende, schließe mit Amen. (EG 317)
*Impuls: „Er ist dein Licht."*
Gemeinsam sprechen.
Wir umfassen unsere Hände.
Wir berühren unseren Mund.
Wir suchen unsere Herzstelle.
Wir singen gemeinsam:
Nun danket alle Gott
mit Herzen, Mund und Händen,
der große Dinge tut
an uns und allen Enden,
der uns von Mutterleib
und Kindesbeinen an
unzählig viel zugut
und noch jetzund getan.
(EG 321)

c) *Thema „Vergebung"*

– Vorlesen der Geschichte vom verlorenen Sohn nach dem
   Luthertext von 1912 (Lukas 15,11 – 24).
   *Frage: Wer kennt diese Geschichte?*
   *Wo ist sie Ihnen schon begegnet?*
   Darbietung: Diareihe zu der Geschichte
   Empfehlung: Christine A. M. Müller, Agentur des Rauhen
   Hauses, nicht dortigen Text verwenden.
   Die Elemente der Bilder benennen lassen. Assoziationen anregen.
– Vorsummen oder vorspielen: Jesus nimmt die Sünder an.
   *Frage: Wer kennt das Lied?*
   Gemeinsam sprechen:
   Jesus nimmt die Sünder an.
   Saget doch dies Trostwort allen,
   welche von der rechten Bahn auf verkehrten Weg verfallen.
   Hier ist, was sie retten kann:
   Jesus nimmt die Sünder an. (EG 353)
   Gemeinsam singen.
   Bildvorlage: Jesus am Kreuz.
   Bildelemente benennen lassen.
   *Impuls: „Christi Blut, für dich vergossen."*
   Gemeinsam sprechen.

–Vorsummen oder vorspielen: Christe, du Lamm Gottes...
   Gemeinsam singen:
   Christe, du Lamm Gottes,
   der du trägst die Sünd' der Welt,
   erbarm dich unser. (EG 190,2)
   Frage: Woher kennen Sie „Und vergib uns unsere Schuld"?
   Gemeinsam sprechen: Vaterunser
   Vorsummen: Allein Gott in der Höh sei Ehr...
   Gemeinsam singen:
   Allein Gott in der Höh sei Ehr
   und Dank für seine Gnade ... (EG 179)

d) *Thema „Ostern"*

– Auf dem Tisch liegen verschiedene Gegenstände: Figur eines Hasen,
   Figur eines Lammes, ein Nest, ein Ei, eine Osterglocke, ein Stein.
   Wir lassen die Gegenstände betrachten, betasten, identifizieren.
   *Frage: Was haben die Dinge gemeinsam?*

– *Frage: Wie war das früher, wenn Sie Ostern feierten?*

– Jeder bekommt ein Puzzle, bestehend aus maximal vier Teilen, ein Bild vom leeren Grab.

Die Teilnehmer setzen das Bild zusammen.

Die Teilnehmer kleben die Teile auf ein Blatt.

*Frage: Was sehen wir auf dem Bild?*

Die Geschichte vom leeren Grab wird vorgelesen nach dem Luthertext von 1912 (Markus 16,1 – 6 par.).

*Frage: Was erfahren die Frauen am Grabe?*

Wir sprechen gemeinsam: „Der Herr ist auferstanden."

Wir wiederholen: „Der Herr ist auferstanden."

– Österliche Lieder werden vorgesummt, etwa:

Christ ist erstanden (EG 99)

Christ lag in Todesbanden (EG 101)

*Frage: Welches Lied ist das?*

Anfänge von österlichen Liedern werden genannt, etwa:

Gelobt sei Gott ... (EG 103)

Wir wollen alle ... (EG 100)

*Frage: Wie geht das Lied weiter?*

Die Lieder werden teilweise gesprochen und gesungen.

– *Impuls: Ostern.*

Wir sprechen das Wort gemeinsam.

Impuls: O.

Wir sprechen den Vokal gemeinsam. Wir legen die Hände dabei auf den Bauch. Wir wiederholen das. Begründung: erweitert Atemraum; O wird Liebe, Wärme, Geborgenheit zugeschrieben (Hegi 1986, S. 308).

– *Impuls: Jesus sagt: „Wer an mich glaubt, wird leben, ob er gleich stürbe." (Johannes 11,25)*

Wir sprechen das gemeinsam.

*Impuls: „Jesus lebt, mit ihm auch ich!*

*Tod, wo sind nun deine Schrecken?"*

Wir sprechen das gemeinsam.

*Impuls: Jesus lebt – e.*

Wir sprechen den Vokal gemeinsam. Wir strecken dabei die Arme aus.

Wir wiederholen das.

Begründung: erweitert Atemraum; E ist ausgerichtet auf das Zentrum innerer Aktivität, ihm wird Durchbrechen von Enge zugeschrieben (Hegi 1986, S. 308).

Wir singen gemeinsam:

Jesus lebt, mit ihm auch ich!

Tod, wo sind nun deine Schrecken?

Er, er lebt und wird auch mich von den Toten auferwecken.

Er verklärt mich in sein Licht; dies ist meine Zuversicht. (EG 115)

# II. Lyrisch-musikalische Gruppenarbeit

Ging die vorige Gruppenarbeit von einem bestimmten Thema aus, das in unterschiedlicher Weise ausgestaltet wurde, so wird in der nun zu beschreibenden Gruppenarbeit zentral ausgegangen von den emotionalen Bedürfnissen. Gearbeitet wird betont mit Angeboten, die in besonderem Maße Gefühle ansprechen, mit Gedichten und Liedern. Ein besonderer Vorteil dieser Gruppenarbeit ist, dass sie integrativ geschehen kann. Zwar wird auf die verwirrten alten Menschen besonders Rücksicht genommen, aber auch die nicht Verwirrten dürften diese Form der Zuwendung annehmen.

## 1. Die Arbeit mit Gedichten

Es wurde bereits darauf hingewiesen, dass die alten Menschen sehr viele Gedichte auswendig gelernt haben. Sie sind Bestandteil ihres Altgedächtnisses und in der Regel lange relativ leicht von ihnen zu reproduzieren. Die Konfrontation mit Gedichten erfüllt mehrere Funktionen:

– Bestimmte Gedichte lösen Erinnerungen aus.
– Gedichte holen auf der emotionalen Ebene ab und setzen Gefühle frei.
– Gedichte bringen stellvertretend das zur Sprache, was der altersverwirrte Mensch selbst nicht mehr in Sprache fassen kann.
– Gedichte vermitteln ein Rhythmuserlebnis.
– Das Sprechen von Gedichten überwindet das bei vielen alten Menschen anzutreffende Verstummen.
– Gemeinsames Sprechen von Gedichten verschafft ein Gemeinschaftserlebnis.

Bei der Auswahl von Gedichten sollte man mindestens zwei Dinge beachten. In erster Linie sollten Gedichte verwandt werden, die bekannt sind und wiedererkannt werden können. Das schließt nicht aus, dass auch einmal ein neueres Gedicht eingesetzt werden kann, wenn es sehr kurz ist. Durch mehrfaches Vorsprechen und mehrfaches gemeinsames Sprechen ist es eventuell noch erlernbar. Zum anderen sollte man nur Gedichte verwenden, die etwas Hoffnungsvolles, Optimistisches ausstrahlen.

Der praktische Umgang mit Gedichten ist ziemlich einfach. Man trägt sie vor (erinnern) und lässt sie dann gemeinsam sprechen (reproduzieren). Man darf sie auch wiederholt gemeinsam sprechen lassen. Lösen die Gedichte Erinnerungen aus, so wird man diese natürlich zur Entfaltung kommen lassen. Der Schatz der Möglichkeiten ist groß. Man denke an die Psalmen, die ja lyrischen Charakter haben, und an die vielen Kirchenlieder, die ja auch Gedichte sind. Darüber hinaus seien einige Beispiele gegeben, die ich von altersverwirrten Menschen gehört oder in alten Lesebüchern (z.B. Flügge 1900) entdeckt habe.

*Ich ging im Walde so für mich hin* (Goethe)
*Die linden Lüfte sind erwacht* (Uhland)
*Sah ein Knab' ein Röslein stehn* (Goethe)
*War einst ein Riese Goliath* (Claudius)
*Bei einem Wirte Wundermild* (Uhland)
*Aus der Jugendzeit* (Rückert)
*Üb immer Treu' und Redlichkeit* (Hölty)
*Wer reitet so spät durch Nacht und Wind* (Goethe)
*Der Mond ist aufgegangen* (Claudius)
*Herr von Ribbeck auf Ribbeck* (Fontane)
*Die Luft ist blau* (Hölty)
*Festgemauert in der Erden* (Schiller)
*Ich träum als Kind mich zurücke* (Chamisso)
*Ich danke Gott und freue mich* (Claudius)

## 2. Die Arbeit mit Liedern

Viele Gedichte sind zugleich Lieder und so legt sich eine Kombination von Lyrik und Musik nahe. Auch bei der Arbeit mit Liedern geht es primär um bekannte Lieder, wenngleich man auch einmal ein ganz einfaches, unbekanntes Lied versuchen sollte. Die bereits bei den Gedichten genannten Funktionen gelten sinngemäß auch für die Lieder. Hier ist allerdings eine noch wesentlich stärkere emotionale Vertiefung zu erreichen. Vor allem Musik fördert die Aufmerksamkeit, kann bei jahreszeitlichen Liedern zeitliche Orientierung herstellen, weckt in besonderem Maße Erinnerungen (Depping 1991, S. 34 f.).

Für die Arbeit mit bekannten Liedern hat sich ein bestimmtes Aufbauschema bewährt, wobei 1. und 2. aus der Arbeit mit Gedichten übernommen wird:

1. Vortragen des Textes
2. Gemeinsames Sprechen des Textes
3. Gemeinsames Singen des Liedes
4. Gemeinsames Singen unter Verwendung von körpereigenen Instrumenten
5. Gemeinsames Singen unter Verwendung von Instrumenten des elementaren Musizierens

Dieses Aufbauschema verfolgt die Absicht, stufenweise den Erlebnisgrad zu erhöhen. Zug um Zug werden immer neue Erfolgserlebnisse aufgebaut.

1. Erlebnis: Das kenne ich noch.
2. Erlebnis: Das kann ich noch.
3. Erlebnis: Das kann ich noch singen.
4. Erlebnis: Ich kann noch mit meinem Körper umgehen.
5. Erlebnis: Ich kann noch mit etwas umgehen.

Auf der Stufe 4 werden vor allem die Hände verwendet. Je nach dem Charakter des Liedes können Hände vieles noch tun. „Schlagt froh in die Hände und jauchzet Gott mit fröhlichem Schall", so heißt es in Psalm 47,2. Hände können zum Beispiel klatschen, auf die Knie patschen, winken, sich falten, die Hände anderer greifen. Die Arme können sich heben und senken, einseitig und beidseitig dirigieren. Auf der Stufe 5 lassen sich dann Glocken, Klanghölzer, Schellenring oder Rasseln einsetzen. Es empfiehlt sich, alle diese Bewegungen vor- und mitzumachen. Bei altersverwirrten Menschen greift hier das sogenannte Imitationslernen, eine frühe und lange realisierbare Lernform. Auf drei Gruppen von Liedern soll besonders hingewiesen werden. Da sind einmal die Kirchenlieder, die die meisten alten Menschen gerne singen. Bereits an anderer Stelle wurden Beispiele für besonders beliebte Choräle gegeben. Hier werden zumeist bekannte Kirchenlieder genannt, die Bezug zu bestimmten Jahreszeiten haben.

**Kirchenlieder:**

*Advent*
Macht hoch die Tür, die Tor macht weit ... (EG 1)

*Weihnachten*
Vom Himmel hoch, da komm ich her ... (EG 24)
Es ist ein Ros entsprungen ... (EG 30)
O du fröhliche ... (EG 44)
Stille Nacht ... (EG 46)

*Jahreswende*
Das alte Jahr vergangen ist ... (EG 59)

*Passion*
Ein Lämmlein geht und trägt die Schuld ... (EG 83)
O Haupt voll Blut und Wunden ... (EG 85)

*Ostern*
  Christ ist erstanden ... (EG 99)
  Jesus lebt, mit ihm auch ich ... (EG 115)

*Pfingsten*
  Nun bitten wir den Heiligen Geist ... (EG 124)

*Erntedank*
  Wir pflügen und wir streuen ... (EG 508)

*Reformationsfest*
  Ein feste Burg ist unser Gott ... (EG 362)

*Ewigkeitssonntag*
  Jesus, meine Zuversicht ... (EG 526)

*Volkslieder (Inge Latz 1998):*
  Im Frühtau zu Berge...
  Der Winter ist vergangen...
  Am Brunnen vor dem Tore...
  Nun will der Lenz uns grüßen...
  Komm, lieber Mai...
  Der Mai ist gekommen...
  Bunt sind schon die Wälder...
  Schneeflöckchen, Weißröckchen...
  Auf der Lüneburger Heide...
  Hoch auf dem gelben Wagen...
  Im schönsten Wiesengrunde...
  In einem kühlen Grunde...
  Wenn die bunten Fahnen wehen...
  Wenn ich ein Vöglein wär...
  Ade nun zur guten Nacht...
  Wohlauf in Gottes schöne Welt...

*Schlager (Monika Sperr 1978, Lutz W. Wolff 1981):*
  Schlösser, die im Monde liegen ... (1899)
  Glühwürmchen, Glühwürmchen flimmre ... (1902)
  Komm, hilf mir mal die Rolle drehn ... (1908)
  Immer an der Wand lang ... (1910)
  Wo steht denn das geschrieben ... (1912)
  Puppchen, du bist mein Augenstern ... (1912)
  Die Männer sind alle Verbrecher ... (1913)
  Alle Engel lachen ... (1915)

Salome ... (1920)
Ausgerechnet Bananen ... (1923)
Es war einmal ein treuer Husar ... (1924)
Was machst du mit dem Knie, lieber Hans ... (1925)
Gern hab ich die Frauen geküßt ... (1925)
Wo sind deine Haare, August ... (1926)
In einer kleinen Konditorei ... (1928)

# III. Arbeit in der Großgruppe

In Heimen kommt es immer wieder vor, dass größere Feste auf der Ebene des Wohnbereiches oder des ganzen Hauses veranstaltet werden. Dabei stellt sich die Frage, in welcher Weise die verwirrten Bewohnerinnen und Bewohner mit einbezogen werden. Wünschenswert ist, dass dieser Personenkreis nicht einfach nur dabei ist, sondern mit seinen Bedürfnissen und Erlebensfähigkeiten bei der Planung und Durchführung berücksichtigt wird. Es geht also nicht nur um eine personale, sondern auch um eine sachliche Integration. Im Folgenden wird ein Fest vorgestellt, bei dem versucht wurde, in dieser Weise zu verfahren. Das Fest fand 1990 im Küpper-Menke-Stift in Osnabrück statt. An diesem Fest waren nahezu alle Mitarbeiterinnen und Mitarbeiter beteiligt. Die Planungs- und Durchführungsregie hatten unter meiner Beteiligung der Heimleiter Dieter Bertram und die Pflegedienstleiterin Schwester Elisabeth Tittes. Es wird zunächst der Festablauf beschrieben. Anschließend werden die Gestaltungsprinzipien dargelegt.

## 1. Ein Beispiel: Frühlingsfest
*Wochen vor dem Fest:*
Zusammen mit dementen Bewohnerinnen und Bewohnern wurden Küchenkräuter, Tomaten und Gräser auf den Stationen in Töpfen gezogen und bis zum Fest gepflegt. Auf den Stationen wurden Plakathinweise auf das Fest angebracht.

*Tage vor dem Fest:*
Kurz vor dem Fest gingen Mitarbeiterinnen und Mitarbeiter mit dementen Bewohnerinnen und Bewohnern in eine Gärtnerei und suchten Blumen aus. Zusammen mit ihnen pflückte man Erdbeeren auf einem Erdbeerfeld und backte auf den Stationen Erdbeertorten.

*Unmittelbar vor dem Fest:*
Mitarbeiterinnen und Mitarbeiter gestalteten den Festsaal. Es wurden kleine Tischgruppen gebildet, an denen drei bis sechs Personen Platz hatten. Auf die Tische kamen Wiesenblumen, Tomaten, Schnittlauch. An der Decke wurden blaue Wolken aus Pappe angebracht. An verschiedene Stellen des Raumes stellte man Grün von verschiedenen Büschen und Bäumen der Jahreszeit auf, so dass man im Grünen sitzen konnte. An einer Stelle wurde ein größerer sprudelnder Springbrunnen vom Hausmeister aufgestellt. Weiterhin stellte man mehrere Sonnenschirme im Raum auf.

*Am Morgen des Festtages:*
Bewohnerinnen und Bewohner, Mitarbeiterinnen und Mitarbeiter nahmen auf den Stationen gemeinsam das Frühstück ein. Zum Frühstück gab es unter anderem Frühlingsquark, Erdbeermarmelade, Johannisbeermarmelade und ein Gläschen Obstsekt. Der Tisch wurde gemeinsam gedeckt und auch wieder gemeinsam abgeräumt. Während des Essens wurde immer wieder auf das Ereignis dieses Tages hingewiesen. Auch wurden bereits jetzt einige Frühlingslieder angestimmt.

*In der Mittagszeit:*
Gemeinsam aß man zu Mittag. Es gab einen Frühlingseintopf. Zum Nachtisch gab es frische Erdbeeren. Auch jetzt wurde immer wieder auf das Fest hingewiesen und dabei erinnert an die Plakate, die überall im Hause hingen, und an die vorbereiteten Aktivitäten, die man gemeinsam vollzogen hatte.

*Am Festnachmittag und Abend (15.00 – 18.00 Uhr):*
– (Kurze!) Ansprache des Heimleiters, darin enthalten: Begrüßung der Teilnehmerinnen und Teilnehmer, auch der Angehörigen, Dank für die Vorbereitungsarbeit, Erwähnung derer, die Geburtstag hatten.
– Kaffeetrinken: Es gab Erdbeer- und Johannisbeertorte. Das erste Stück wurde am Tisch serviert. Ein weiteres Stück sollte man sich nach Möglichkeit selbst vom Kuchenbüfett holen. Jeder bekam eine gelbe Serviette.
– Parallel zum Kaffeetrinken spielte eine Kapelle aus der Stadt Kaffeehausmusik. Die Musiker waren im feierlichen Schwarz mit Schwalbenschwanz gekleidet und spielten Flügel, Cello, 1. und 2. Geige: ein historisches Unterhaltungsorchester. Gespielt wurden vor allem Wiener Melodien. Die Teilnehmer wurden immer wieder von den an jedem Tisch anwesenden Bezugspersonen auf die Tischpflanzen hingewiesen. Man ließ sie betasten und daran riechen.

- Die Teilnehmerinnen und Teilnehmer sangen mit oder ohne Liederzettel ein Frühlingslied: Wer recht in Freuden wandern will.
- Der Hausmeister hatte sich einen Eiswagen und ein Eisverkäufergewand besorgt. Er fuhr von Tisch zu Tisch und verteilte – kostenlos – Himbeereis, dieses auch weiterhin parallel zu den folgenden Programmteilen.
- Einige Zivildienstleistende hatten sich Badeanzüge der zwanziger Jahre besorgt. Badelieder singend, tanzten sie von Tisch zu Tisch.
- Die Teilnehmerinnen und Teilnehmer sangen ein Frühlingslied: Im Wald und auf der Heide...
- Die Leiterin der Gymnastikgruppe führte mit den Teilnehmerinnen und Teilnehmern einen Sitztanz durch nach dem Walzer „Waldeslust" (in die Hände klatschen, klatschen nach rechts/links, Füße stampfen rechts/links, mit Vorderfuß stampfen, dirigieren).
- Die Teilnehmerinnen und Teilnehmer sangen ein Frühlingslied unter Begleitung eines von einem Zivildienstleistenden gespielten Akkordeons: Am Brunnen vor dem Tore...
- Der Bastelkreis hatte größere Schmetterlinge vorbereitet. Jede Tischgruppe bekam einen. An die Schmetterlinge waren die Flügel anzukleben und Punkte aufzukleben. Anschließend hängte die Gruppe die fertigen Schmetterlinge mit Hilfestellung irgendwo im Raum auf.
- Die Teilnehmerinnen und Teilnehmer sangen ein Frühlingslied: Alle Vögel sind schon da...
- Ein Zivildienstleistender trug das Lied „Der Vogelfänger" vor. Er wurde am Klavier begleitet. Im entsprechenden Gewand und mit einem Vogelkäfig in der Hand tanzte er von Tisch zu Tisch.
- Vom Band wurden Vogelstimmen vorgespielt: Nachtigall, Kuckuck, Amsel, Drossel. Die Stimmen waren zu erraten. Die Gewinnerinnen und Gewinner bekamen einen Schmetterling.
- Ein Zivildienstleistender trug den „Papageno" vor.
- Die Teilnehmerinnen und Teilnehmer sangen Frühlingslieder: Im grünen Wald, Vöglein im hohen Baum...
- Abendbrot. Es gab unter anderem Möhrensalat, Radieschen, Petersilie, Tomaten, Himbeerbowle und Rote Grütze. Es wurden grüne Servietten ausgelegt.
- Der Heimseelsorger hielt zum Abschluss eine kurze Andacht: Lied: Geh aus mein Herz ..., Text: ein Ausschnitt aus der Schöpfungsgeschichte, Predigt: Verbindung von Schöpfung und Frühling, Dank für die guten Gaben, Gottes Bewahrung; Gebet, Vaterunser, Segen.

## 2. Gestaltungsprinzipien

In der Planungsphase waren speziell Erlebnismöglichkeiten altersverwirrter Menschen erarbeitet und daraus Gestaltungsprinzipien abgeleitet worden. Folgende Gestaltungsprinzipien wurden umgesetzt:

– Räumliche Nähe
Was irgendwo da vorne abläuft, hat keine Chance, die Aufmerksamkeit altersverwirrter Menschen zu finden, auch wenn Augen und Ohren da noch hinreichen sollten. Von daher wurden möglichst viele Aktivitäten in die Nähe, an die Tische gebracht.

– Orientierung
Das Thema „Frühling" wirft die Frage nach der zeitlichen Orientierung im Jahresablauf auf. Um diese Orientierung zu fördern, wurden zahlreiche Orientierungshilfen gegeben: typische Dekoration, typische Lieder, typisches Essen usw.

– Altgedächtnis
Altersverwirrte Menschen leben in dem, was sie in Kindheit und Jugend aufgenommen, in ihrem Altgedächtnis gespeichert haben. Von daher wurden historische und zeitlose Elemente aufgenommen: Bademode von damals, der Eisverkäufer, vertraute Lieder usw.

– Einfachheit
Demente alte Menschen können nicht mehr in größeren Zusammenhängen denken. Von daher wurde auf die Einfachheit der Darbietungen Wert gelegt. Auf lange Reden, lange Spielszenen, vielschrittige Aufgabenstellungen wurde verzichtet.

– Multisensorisch
Demente alte Menschen werden besonders gut erreicht, wenn der Zugang über möglichst viele Sinneskanäle versucht wird. Von daher war es das Bestreben, möglichst alle Sinne anzusprechen. Sehen: z.B. typische Raumdekoration, Tischdekoration, typische Kostümierung der Darbietenden; Hören: z.B. Gesang, Musik, typische Vogelstimmen; Riechen: Gewächse, Früchte, Speisen; Schmecken: Speisen, Getränke; Tasten: Früchte, Dekorationsmittel.

– Aktivität
Aktivitäten vermitteln Nützlichkeits-, Erfolgs- und Sinnerlebnisse, bewahren vor Apathie. Die Teilnehmerinnen und Teilnehmer sollten von daher nicht nur konsumieren, sie sollten auch selber aktiv wer-

den: kleine Bastelaufgaben, Bewegung nach Musik, gemeinsames Singen, Beteiligung an der Festvorbereitung.

– Emotionalität

Altersverwirrte Menschen sind im besonderen Maße auf der emotionlen Ebene ansprechbar. Emotionale Erlebnisse schwingen in nahezu allen Aktivitäten mit. Ganz besonders gilt dieses natürlich für die Musik, die hier im großen Umfang eingesetzt wurde: Hören von Musik, Singen von Liedern.

# Anhang: Theoretische Reflexionen

## I. Von der bleibenden Würde des dementen Menschen

### 1. Aber das Selbst bleibt

Wer sich für demente Menschen engagiert, tut gut daran, sich neben der Frage nach einem angemessenen begründeten Verhalten in verschiedenen Problemsituationen auch motivierend der Frage nach dem Wert eines Lebens mit abgängigen kognitiven Kompetenzen, nach seiner Würde, zu stellen, dieses vor allem auch deshalb, weil dieser Wert in letzter Zeit des öfteren in Frage gestellt wird. Dementen Menschen wird bisweilen der Personstatus abgesprochen (vgl. Verena Wetzstein 2005, S. 127 ff). Sie gelten als „Nicht-Person" oder „Post-Person". Der Philosoph Peter Singer nennt demente Menschen „ehemalige Personen". D.W. Brock spricht von „living things as plants" oder vergleicht diese Menschen mit Hunden oder anderen Tieren.

In der Konsequenz einer solchen Personverneinung wird nachgedacht über den Wert eines solchen Lebens, über das Recht auf kostenaufwendige Pflege und menschenwürdige Versorgung bis hin zum Recht auf Leben und aktive Sterbehilfe. Auch im Alltagsbewusstsein vieler älterer Menschen sind solche Überlegungen vorhanden. Häufiger ist zu hören: „Wenn ich nicht mehr richtig im Kopf bin, wenn ich nicht mehr weiß, wer ich bin, wenn ich mich selbst nicht mehr kenne, dann gebt mir man was."

Spricht man vom Verlust des Personsein, so wird davon ausgegangen, dass dem Menschen sein Selbst verloren gegangen ist. Redet man von dem Selbst des Menschen, so geschieht dies zumeist im Sinne eines Selbstbewusstseins, was voraussetzt, dass die kognitiven Funktionen des Menschen in Takt sind, dass er weiß, wer er ist, wo er ist, wer und was ihn umgibt, was um ihn herum geschieht. Dank seiner Ich-Funktionen ist der Mensch in der Lage, mit Sprache umzugehen, zu urteilen, zu entscheiden, reflektiert zu handeln. Der Mensch kann rational agieren. Er ist von mentaler Wachheit. Im Sinne dieser Selbstverortung verlieren demente Menschen nach und nach an Selbstbewusstsein bis es im Endstadium gänzlich vergeht.

Solchen Gedanken ist entgegen zu halten: Das Selbst des Menschen geht keineswegs in seiner Rationalität auf und mit ihrem Verschwinden unter. Der Musiktherapeut Hans-Helmut Decker-Voigt (2008,

S. 127 ff.) weist im Rückgriff auf Daniel Stern darauf hin, dass das Selbst des Menschen auch transrational zu betrachten ist, nicht nur eine Frage des Selbstbewusstseins ist, sondern auch eine Frage der Selbstempfindung. Das Selbst des Menschen hat auch eine emotionale, affektive Dimension. Diese geht entwicklungsgeschichtlich der Entwicklung des Selbstbewusstseins voraus. Vor aller kognitiven Reife fühlt das Kind, dass es ein Selbst ist, erfährt sein Selbst auf eine noch unreflektierte Weise. Es erfährt sich selbst, wenn es den Daumen in den Mund steckt, wenn es den Arm bewegt, den Kopf hebt, wenn es einen Laut von sich gibt. Es erfährt sein Selbst, wenn Gefühle wie Freude, Enttäuschung, Wut, Angst in ihm aufkommen. Die Empfindungswelten dieses emotionalen Selbst wird der Mensch bis ans Ende seines Lebens „lückenlos in sich tragen". In der integrativen Therapie (Dorothea Rahm u.a. 1999, S. 26 ff., 92 ff.) spricht man auch von einen „Leib-Selbst", das wir bei der Geburt mitbringen oder ganz früh entwickeln und lebenslang unbewusst in uns tragen. Dieses Leib-Selbst verfügt über ein „Leibwissen", das uns zur Wahrnehmung u. a. von Rhythmus, Lauten, Mimik, Gestik, Verbundensein mit anderen Menschen befähigt. Dieses „archaische Selbst" reagiert etwa bei empfundener Zuneigung mit der Neigung des Kopfes, mit Kontaktsuche der Hände oder mit einem Lächeln. Auch unter Demenz bleibt eine erspürte Selbstwahrnehmung erhalten. Der Mensch ist am Ende keineswegs nur noch ein biologisches Etwas, das sich noch irgendwie regt. Der Mensch bleibt bis zuletzt, wenn auch in veränderter Weise, ein Selbst, was ihm grenzenlosen Wert, sprich: Würde, verleiht.

**2. Aber der Glaube bleibt**
In einem seelsorgerlichen Zusammenhang wird man die Frage stellen, wie es sich mit dem Glauben eines dementen Menschen verhält. Wird in der Theologie von Glauben geredet, so herrscht auch hier traditionell ein kognitives Verständnis vor. Wer glaubt, muss etwas über Inhalte wissen (notitia). Er muss diesen Inhalten zustimmen (assensus) und er muss dazu Vertrauen gewinnen (fiducia). All dieses setzt voraus, dass der Mensch „bei Verstand" ist.
Auch in der Religionspsychologie wird die Kognition groß geschrieben. Die meisten religionspsychologischen Untersuchungen stammen aus der kognitionspsychologischen Schule. Kognitive Psychologen tun sich mit dem Glauben schwer, wenn die Kognitionen, die Denkfähigkeiten, nicht zur Verfügung stehen, wenn der Mensch sein Dasein vor Gott nicht reflexiv durchdringen kann. Erst wenn das Kind zu denken anfängt, ist es zum Glauben fähig (Lämmermann 2006, S.

230). Bestenfalls lässt sich für die Zeit davor von einer „Vorstufe" des Glaubens sprechen. Demnach hört die Fähigkeit zum Glauben am Ende auf, wenn der kognitive Apparat zusammengebrochen ist. Untersuchungen zur Religiosität bei Krankheitsbildern wie Angstzuständen, Depressionen und Neurosen, in denen mit Kognitionen zu rechnen ist, sind zahlreich, die Demenz aber wird gemieden, weil das einfach kein Thema ist.

Diese Sichtweise kritisiert Ulrich Moser (2000, S. 172). „Es scheint wenig Sinn zu machen, sich einen Gott vorzustellen, der die Gabe des Glaubens nur denen zugänglich macht, die ...eine bestimmte kognitive Entwicklung erreicht haben... Selbst in fortgeschrittenen Stufen der Demenz, so lange die Betroffenen noch bei Bewusstsein sind und irgendeine Beziehung zu anderen und zu Gott möglich ist, kann Glauben weiterhin reifen und die Beziehung zu Gott sich vertiefen."

Johannes Fischer (2006, S. 218) geht noch einen Schritt weiter. Auch bei „Verlust des Bewusstseins", wenn der „reflexive Selbstbezug abgeht", bleibt eine „geistliche Empfänglichkeit" vorhanden. James W. Fowler (1982, 1989) spricht von dem „ersten Glauben", der noch eine vorsprachliche Gestalt hat, der noch völlig unreflektiert ist. Dieser Glaube war ein außengeleiteter Glaube, abhängig von den unmittelbaren Bezugspersonen in der damaligen entwicklungsbedingten Hilflosigkeit und er wird am Ende, bedingt durch die Retrogenesis, wieder dominant in der krankheitsbedingten Hilflosigkeit. Er stellt sich dar als Vertrauensglaube und wird gespeist durch die aufbauende Musik der Sprache und die Zärtlichkeit mittels Körperkontakt. Howard Clinebell (1985, S. 140f) stellt den großen Wert einer „unreifen Theologie" bei einem Menschen mit stark reduzierter Ichstärke heraus. „Es wäre grausam... ihm diese zu entziehen". Harold G. Koenig (nach Moser S. 171 f.) lehnt den Begriff der Unreife ab. Für ihn ist dieser Glaube ein „reifer Glaube", nicht wegen seines kognitiven Niveaus, sondern wegen seiner Angepasstheit an die Möglichkeiten und Bedürfnisse des Menschen. Einen anderen Glauben kann der demente Mensch nicht erreichen. Einen anderen Glauben braucht er aber auch nicht, weil er von all dem befreit ist, was reflexive Durchdringung erfordert. Er ist wieder geworden wie die Kinder, die Jesus bekanntlich zu sich rief, segnete und sogar als Vorbild für die Erwachsenen hinstellte (Matthäus 19, 13 ff; Lukas 18,15 ff).

## 3. Aber die Beziehung Gottes zum Menschen bleibt

Hans-Martin Barth (2008, S. 81 ff; 487 f.) wendet sich nun allerdings dagegen, die Gottesbeziehung allein von anthropologischen Gegebenheiten her zu sehen, von dem her, was der Mensch an Fähigkeiten, Gott zu erreichen schon oder noch aufzuweisen hat. Bei einer solchen Sichtweise läge in der Tat die Frage nahe, ob ein von der Alzheimer-Krankheit befallener Mensch noch eine Gottesbeziehung leben kann. Er tritt für eine Sichtweise von oben nach unten ein. Gott selbst nimmt unabhängig von allem geistigen Vermögen Beziehung zu dem Menschen auf. „Gott hat eine spezifische Beziehung zu jedem Menschen, auch soweit dieser nicht im Bewusstsein lebt – oder wenn dieser aufgrund seines Lebensalters oder einer Behinderung eben nicht, noch nicht oder nicht mehr mit einem funktionierenden rationalen Bewusstsein ausgestattet sein sollte". „Babys und geistig radikal behinderte Menschen sind deswegen in ihrer Gottesbeziehung auch nicht im geringsten beeinträchtigt" (S. 83). Eben diese uneingeschränkte spezifische Beziehung, die Gott zu dem Menschen hat, verleiht ihm Wert, Würde. Sie stellt alle menschlichen Infragestellungen in Frage. „Allen, die dabei sind, in diesem Sinne ihre Würde zu entdecken, wird es darum gehen, einander diese Würde zu bezeugen und allenthalben für die Würde zu kämpfen, die Gott dem Menschen zuspricht" (S. 489).

Mehrfach wird in der Bibel auf diese voraussetzungslose Beziehung Gottes zu den Menschen jenseits aller Kognitionen hingewiesen: „Auf dich bin ich geworfen von Mutterleib an, du bist mein Gott von meiner Mutter Schoß an" (Psalm 22,11). „Auf dich habe ich mich verlassen vom Mutterleib an; du hast mich aus meiner Mutter Leibe gezogen" (Psalm 71,6). Auch am Ende in den Beeinträchtigungen des Alters bleibt diese voraussetzungslose Beziehung Gottes erhalten: „ Bis in euer Alter bin ich derselbe" (Jesaja 46, 4). Selbst wenn die Orientierung vergeht, wenn Menschen „irregehen in der Wüste" führt Gott „die Menschenkinder zur Stadt, in der sie wohnen können" und „errettet aus ihren Ängsten" (Psalm 107, 4ff). Selbst wenn geistige Kompetenzen verloren gehen, gilt „Selig sind, die arm an Geist sind, denn ihrer ist das Himmelreich" (Matthäus 5, 3).


## II. Von der Rolle der Seelsorgenden

### 1. Wir als Abbild von Gottes Liebe

Demente Menschen sind im höchsten Grade abhängige Menschen, das nicht nur im Hinblick auf gesundheitliche, alltagspraktische und pflegerische Notwendigkeiten, auch im Hinblick auf Religiosität und Spiritualität. Ihr Vertrauen in eine höhere, bergende Macht bedarf der Förderung und Vermittlung durch uns. Im Neuen Testament gibt es eine große Anzahl von Krankengeschichten auch mit psychiatrischen Krankheitsbildern, in denen sich Menschen ganzheitlich nicht nur um die immanenten Bedürfnisse der Kranken bemühen, sondern auch um das Transzendente, was dort Heil genannt wird und dabei die Anerkennung Jesu erfahren. Bezugspersonen haben die Rolle eines „Vorbildes" für eine transzendente Macht, die im Endstadium der Demenz zwar nicht mehr gedacht, wohl aber an diesen Personen erlebt werden kann, weil das Selbst des Menschen mit seiner „geistlichen Empfänglichkeit" bis zuletzt erhalten bleibt. Bezugspersonen vermitteln das Erleben: „Von guten Mächten wunderbar geborgen" (Bonhoeffer). Seelsorgerlich Begleitende „sorgen für den anderen wie ein Vater, wie eine Mutter. Sie können dabei zum Abbild von Gottes väterlich-mütterlicher Liebe werden" (Geissler 2005, S. 115). Gerd Theißen (2007, S. 248) verweist auf eine Stelle des Lukasevangeliums (11,20). Dort ist davon die Rede, dass mit der Zuwendung Jesu zu den Kranken und dann auch mit der Zuwendung der Nachfolgenden (9,1 f.), der „Finger Gottes" tätig wird, durch den das Reich Gottes zu den Menschen kommt.

## 2. Wir als Säende des Gottvertrauens

Natürlich müssen wir – Gott Lob – im Letzten nicht die Macher des Gottvertrauens sein. Da wirkt noch ein anderer mit. Carles V. W. Brooks (1991, S. 109) benutzt das Bild eines Blumengartens.: „Wenn wir für die Erde sorgen, werden die Blumen von selbst erscheinen". Die Bibel drückt dieses aus mit dem Bild vom Bauern aus, der Samen auf das Feld wirft. „Von selbst bringt die Erde Frucht" (Markus 4,26-28). Auch in der Seelsorge gilt im weitesten Sinne und im Letzten, was ein Lied singt: „Es geht durch unsere Hände, kommt aber her von Gott"; es „steht in des Himmels Hand" (EG 508). Wer handelt, darf mit dem Segen Gottes, mit dem mithandelnden Tun Gottes rechnen.

Die Bibel wirbt dafür, dass wir uns den Glauben an die Wachstumsfähigkeit dessen, was wir säen, bewahren, das Vertrauen, dass Gott unser Tun zu weiterer Entfaltung bringt. Dabei werden wir in unserer Glaubensfestigkeit keineswegs überfordert. Selbst einem matt gewordenen Glauben, den wir zum Handlungsimpuls werden lassen, wird heilsame Kraft zugesprochen. Selbst wenn unser Glaube nur „so groß wie ein Senfkorn" ist, kann er „Bäume ausreißen" (nach Lukas 17,6) und „Berge versetzen" (nach Matthäus 17,20). Dahinter steht der seelsorgliche Optimismus, das man selbst mit einem von

Skepsis bestimmten Handlungsmotiv mit Wirkungen rechnet, die sich aller Vorstellungskraft entziehen.

### 3. Wir als Ermutigte

Dass wir es im Letzten nicht allein selbst sein müssen, die Gottvertrauen hervorbringen, dass wir auch mit einem angeschlagenen persönlichen Gottvertrauen heilsam handeln können, ist ermutigend. Ermutigend ist auch, dass wir nicht stets in der Fülle unserer christlichen Rollenzuschreibung präsent sein müssen. Wir sollen zwar „Salz der Erde" oder „Licht der Welt" sein, aber auch im Bruchstückhaften unseres Rollenhandelns liegt heilsame Kraft. In einem Lied von Rudolf Otto Wiemer und Fritz Baltruweit ( Umkehr 1983) heißt es:

> *Ihr seid das Salz der Erde, vielleicht nur ein Korn.*
> *Aber das Korn, man wird es schmecken.*
> *Ihr seid das Licht der Welt, vielleicht nur ein Funke.*
> *Aber der Funke fällt hell auf den Weg.*

Auch das Kleine, das von echter innerer Beteiligung bestimmt ist, kann Großes bewirken. Im Alten Testament heißt es: „Aus dem Kleinsten sollen tausend werden" (Jesaja 60,22). Im neuen Testament wird das Himmelreich mit dem Senfkorn, dem kleinsten aller Samenkörner, verglichen. Es wird größer als alle Kräuter und schließlich ein Baum (Matthäus 13,31 f.).

Seelsorgerliches Handeln an dementen Menschen bleibt oftmals nicht ohne sichtbare Ermutigung. Da sind oft kleine Signale der Dankbarkeit, etwa ein Greifen und Streicheln der Hände, wenn ein Choral gesungen wird oder das Signal der Zufriedenheit, wenn bei einem Gebet ein Lächeln ins Gesicht tritt.

Nicht zuletzt findet unser Tun auch „dort oben" seine Anerkennung. Jesus hat gesagt: „Was ihr getan habt einem von diesen Geringsten, das habt ihr mir getan" (Matthäus 25,40). Auch wird eine Belohnung in Aussicht gestellt. Denen, die so handeln, wird die Verheißung zuteil, dass sie „hingehen werden in das ewige Leben" (Matthäus 25, 46).

# Literatur

Arbeiterwohlfahrt (Hrsg.): Neue Wege in der Pflege und Betreuung verwirrter alter Menschen im Heim, Frankfurt am Main 1986

Argyle, Michael: Körpersprache & Kommunikation, Paderborn, 9. Auflage, 2005

Barth, Hans-Martin: Dogmatik. Evangelischer Glaube im Kontext der Weltreligionen, Gütersloh, 3., akt. und erg. Auflage, 2008

Baumgartner, Isidor: Pastoral-Psychologie. Einführung in die Praxis heilender Seelsorge, Düsseldorf 1990

Becker, Ingeborg, u. a.: Handbuch der Seelsorge, Berlin, 4. Auflage, 1990

Beyreuther, Konrad (Hg.): Demenzen: Grundlagen und Klinik, Stuttgart u. a. 2002

Bickel, H.: Epidemiologie der Demenz, in: Beyreuther, 2002, S. 17 – 41

Biehl, Peter u. a.: Symbole geben zu lernen – Einführung in die Symboldidaktik anhand der Symbole Hand, Haus und Weg, Neukirchen-Vluyn, 3. Auflage, 2002

Biniek, Eberhard Manfred: Psychotherapie mit gestalterischen Mitteln, Darmstadt, 2., erg. Auflage, 1992

Böhm, Erwin: Verwirrt nicht die Verwirrten: neue Ansätze geriatrischer Krankenpflege, Bonn, 6. Auflage, 1994

Bosch, Corry F. M.: Vertrautheit: Studie zur Lebenswelt dementierender alter Menschen, Wiesbaden 1998

Bracher, Karl Dietrich/Funke, Manfred/Jacobsen, Hans-Adolf (Hgg.): Nationalsozialistische Diktatur 1933-1945: eine Bilanz, Düsseldorf 1983

Bright, Ruth: Musiktherapie in der Altenhilfe, Stuttgart u. a. 1984

Brooks, Charles V. W.: Erleben durch die Sinne, München 1991

Brown, Melcolm: Die heilende Berührung, Essen, 2. Auflage, 1988

Brüggemann, Franz: Die Heilsgeschichte in biblischen Geschichten erzählt, Essen, 18. Auflage, 1916

Brüggemeier, Franz J./Kocka, Jürgen: „Geschichte von unten – Geschichte von innen", Studienmaterial der Fern-Universität Hagen, 1985

Burdach, Konrad J.: Geschmack und Geruch, Bern u. a. 1988

Clinebell, Howard John: Modelle beratender Seelsorge, München, 5., erw. Auflage, 1985

Decker-Voigt, Hans-Helmut (Hrsg.): Handbuch Musiktherapie, Lilienthal/Bremen 1983

ders.: Aus der Seele gespielt: eine Einführung in die Musiktherapie, München 2000

ders.: Mit Musik ins Leben, München u. a. 2008

Depping, Klaus: Als Frau M. aus dem Altenclub noch zur Schule ging, Evangelische Impulse 5/91, S. 15 f.

ders.: Die Musik in der Begleitung altersverwirrter Menschen, Evangelische Impulse 1/91, S. 34 f.

ders.: Wahnsinn ist auch Sinn, Evangelische Impulse 5/92, S. 22 ff.

ders.: Depressive alte Menschen seelsorgerlich begleiten, Hannover, 2. Auflage, 2002

ders.: Leben mit dementen Menschen – Zehn Bausteine für die Gruppenarbeit mit pflegenden Angehörigen, EEB Niedersachsen, Hannover, 2. Auflage, 2007

Dette, Ursula: Ein langer Abschied: Tagebuch, Wetzlar, 2. Auflage, 1990

Diakonisches Werk der Evangelischen Kirche in Deutschland (Hrsg.): Altersverwirrte Menschen in Familie, Heim und Gemeinde. In: Danken und Dienen, Stuttgart 1987

Dilling, Horst (Hg.): Internationale Klassifikation psychischer Störungen – ICD-10, Kapitel V (F) – Klinisch-diagnostische Leitlinien, Bern, 4., überarb. Auflage, 2006

Dörr, Anette: Religiosität und Depression: eine empirisch-psychologische Untersuchung, Weinheim 1987


Ellis, Albert: Die rational-emotive Therapie: das innere Selbstgespräch bei seelischen Problemen und seine Veränderung, München, 3. Auflage, 1982


Feil, Naomi: Validation: ein neuer Weg zum Verständnis alter Menschen, Wien, 3. Auflage, 1992

Feldmann, Lili: Leben mit der Alzheimer-Krankheit: eine Therapeutin und Betroffene berichten, München u. a., 2. Auflage, Neuausgabe 1992

Fischer, Johannes: Ethische Dimension der Spitalseelsorge. In: Wege zum Menschen, 58. Jahrgang, Heft 3, Mai/Juni 2006. S. 218

Flemming, Daniela: Mutbuch für pflegende Angehörige und professionell Pflegende altersverwirrter Menschen, Weinheim u. a. 2003

Flügge, Heinrich Friedrich: Zweites Lesebuch für Volksschulen, Hannover, 55. Auflage, 1900

Förstl, Hans (Hg.): Antidementiva, München u. a. 2004

Forster, Margaret: Ich glaube, ich fahre in die Highlands, Frankfurt am Main 1992

Fowler, James W.: Glaubensentwicklung: Perspektiven für Seelsorge und kirchliche Bildungsarbeit, München 1989

ders.: Theologie und Psychologie in der Erforschung der Glaubensentwicklung. In: Concilium. 18. 1982, S. 444 ff.

Fraas, Hans-Jürgen: Die Religiosität des Menschen: ein Grundriss der Religionspsychologie, Göttingen, 2., durchges. Auflage, 1993

Frank, Horst J.: Wie interpretiere ich ein Gedicht? Eine methodische Anleitung, Tübingen u. a., 6. Auflage, 2003

Frielingsdorf, Karl: Gottesbilder: wie sie krank machen – wie sie heilen, Würzburg 2004

Füsgen, Ingo: Alzheimersche Erkrankung. In: Altenpflege. 7. 1989, S. 382 ff.

Fuhrmann, Alfred: Das Alzheimer-Schicksal meiner Frau: lebend begraben im Bett? Stuttgart 1990


Geissler, Rolf-Heinz: Symbole und Rituale – Zeichensprache der seelsorgerlichen Begegnung, In: Kobler-von Komorowski/Schmidt: Seelsorge im Alter – Herausforderung für den Pflegealltag, Heidelberg 2005, S. 104 – 122

Götte, Rose/Lackmann, Edith: Alzheimer – Was tun? Eine Familie lernt, mit der Krankheit zu leben, Weinheim u. a., 4., akt. Auflage, 1997

Granzow, Stefan: Das autobiographische Gedächtnis: kognitionspsychologische und psychoanalytische Perspektiven, München 1994

Grond, Erich: Die Pflege verwirrter alter Menschen: psychisch Alterskranke und ihre Helfer im menschlichen Miteinander, Freiburg im Breisgau, 9. vollst. überarb. Auflage, 2003

ders.: Altenpflege als Beziehungspflege: ein interaktionelles Pflegekonzept, Hagen 1997 ders.: Praxis der psychischen Altenpflege: Betreuung körperlich und seelisch Kranker, München-Gräfeling, 12., neubearb. und erg. Auflage, 2001

ders.: Bleib´ bei mir, auch wenn ich verwirrt sterbe. Internationale Gesellschaft für Sterbebegleitung und Lebensbeistand, Bingen 1999

ders.: Pflege Demenzkranker, Hannover, 3., vollst. überarb. Auflage, 2005

ders.: Sterbebegleitung verwirrter Menschen. In: Werner Burgheim (Hrsg.), Qualifizierte Begleitung von Sterbenden und Trauernden, Merching 2006, Bd 1, 3.6.1 – 6

Gross, Harro: Einführung in die germanistische Linguistik, München 1988

Gruetzner, Howard: Alzheimersche Krankheit: ein Ratgeber für Angehörige und Helfer, Weinheim 1992

Gutzmann, Hans: Senile Demenz vom Alzheimer-Typ, Stuttgart 1988


Hackmann, Leonore/Hendrischke-Lampl, Barbara in: Schmidt, S. 115 ff.

Hamann, G. F./Liebetrau, M.: Demenz bei zerebrovaskulären Krankheiten. In: Bayreuther, S. 211 – 243

Hegi, Fritz: Improvisation und Musiktherapie. Möglichkeiten und Wirkungen von freier Musik, Paderborn 1986

Heymel, Michael: Seelsorge als Klanggeschehen, in: Wege zum Menschen, 57. Jahrgang, Heft 1, Januar/Februar 2005, S. 29-42

Hirsch, Rolf D. / Krauß, Burkhard: Gerontopsychiatrie und Altenarbeit. Deutsches Zentrum für Altersfragen, Berlin 1986

Hole, Günter: Der Glaube bei Depressiven: religionspsychopathologische und klinischstatistische Untersuchung, Stuttgart 1977

Hörmann, Hans: Einführung in die Psycholinguistik, Darmstadt, 3., unveränd. Auflage, 1991

Hunsche, Klara: Der Kampf um die christliche Schule und Erziehung 1933 – 45, In: Kirchliches Jahrbuch 1949, Gütersloh, S. 455 ff.


Inoue, Yasushi: Meine Mutter, Frankfurt am Main 1990


Jaide, Walter: Generationen eines Jahrhunderts, Opladen 1988

Josuttis, Manfred: Segenskräfte: Potentiale einer energetischen Seelsorge, Gütersloh, 2., durchges. Auflage, 2002


Kanowski, Siegfried: Dementielle Erkrankungen: Aspekte der Diagnostik, Therapie und Mitarbeiterausbildung. In: Schmidt, S. 7 ff.

Kanowski, Siegfried/Ladurner, Günther (Hrsg.): Dementielle Erkrankungen im Alter, Stuttgart u. a. 1988

Kisker, Karl P. u. a. (Hrsg.): Alterspsychiatrie, Berlin u. a. 1989

Klausing, Gerd: Demenz und Therapie. Kasseler Gerontologische Schriften. Nr. 4, Kassel 1988

Klessmann, Edda: Wenn Eltern Kinder werden und doch Eltern bleiben: die Doppelbotschaft der Altersdemenz, Bern, 6., durchges. Auflage, 2006

Kooij, Cora van der: Validation in den Niederlanden. In: Altenpflege. 2/93, S. 79 ff.

Kriz, Jürgen: Grundkonzepte der Psychotherapie, Weinheim, 6., vollst. überarb. Auflage, 2001

Kurz, A.: Kinik, In: Beyreuther, S. 168 – 186

ders.: Verlauf der kognitiven Störungen, In: Weiss/Weber, S. 991-1005

Kurz, A./Jendroska, K.: Therapie und Prävention, In: Beyreuther, S. 187 – 210

Ladenhauf, Karl Heinz: Integrative Therapie und Gestalttherapie in der Seelsorge: Grundfragen und Konzepte für Fortbildung und Praxis, Paderborn 1988

Lämmermann, Godwin: Einführung in die Religionspsychologie: Grundfragen – Theorien – Themen, Neukirchen-Vluyn 2006

Langer, W./Haag, G.: Realitätsorientierungstraining in der Praxis. In: Altenpflege. 5, 1987, S. 330 ff.

Latz, Inge: Musik im Leben älterer Menschen: Singen und Musizieren, Spielanleitungen, Klangerlebnisse, Bonn, 6. Auflage, 1998

Lauter,H./Kurz, Alexander: Demenzerkrankungen im mittleren und höheren Alter. In: Kisker, S. 135 ff.

Lehr, Ursula: Psychologie des Alterns, Wiebelsheim, 11., korr. Auflage, 2007

Lehrerverein Hannover (Hrsg.): Biblische Geschichten für ev.-luth. Volksschulen, Hannover 1929

Lehrl, Siegfried/Fischer, Bernd/Koch, Gerhard/Loddenkemper, Hermann: Gehirnjogging: Geist und Gedächtnis erfolgreich trainieren, Wehrheim, 4. Auflage, 1987

Mace, Nancy L./Rabins, Peter V.: Der 36-Stunden-Tag: die Pflege des verwirrten Menschen, speziell des Alzheimer Kranken, Bern, 5., vollst. überarb. Auflage, 2001

Mall, Winfried: Basale Kommunikation, ein Weg zum anderen, In: Geistige Behinderung. 23. 1984, Innenteil S. 1 – 16

Marti, Kurt: Theologie der Zärtlichkeit, in: Adam Weyer, Almanach 10, Wuppertal, 2. Auflage, 1977, S. 22 – 26

Middendorf, Ilse: Der erfahrbare Atem, Paderborn, 5. Auflage, 1988

Mogge, Winfrid/Reulecke, Jürgen: Hoher Meißner 1913: der Erste Freideutsche Jugendtag in Dokumenten, Deutungen und Bildern, Köln 1988

Mohr, Peider: Multimorbidität im Alter. In: Uchtenhagen, S. 129 ff.

Müllejans, Ruth/Wrede, Friederike: Lebensrückblick als Konzept: In: Altenpflege. 7. 1988, S. 447 ff.

Moser, Ulrich: Identität, Spiritualität und Lebenssinn: Grundlagen seelsorglicher Begleitung im Altenheim, Würzburg 2000

Müsseler, Jochen/Prinz, Wolfgang (Hrsg.): Allgemeine Psychologie, Heidelberg, 2., neu bearb. Auflage, 2007

Neis, Edgar: Wie interpretiere ich Gedichte und Kurzgeschichten? Methoden und Beispiele, Hollfeld, 17., neu bearb. Auflage, 1995

Niemeyer, Günter: Altenheimseelsorge: Anregungen aus der Praxis für die Praxis, Stuttgart 1990

Nienhaus, Ursula: Weibliche Angestellte in Deutschland 1880 – 1945. Quellen zu Lebens- und Arbeitsbedingungen. Studienmaterial der Fern-Universität, Hagen 1987

Oerter, Rolf/Montada, Leo (Hgg.): Entwicklungspsychologie, Weinheim u. a., 6., vollst. überarb. Auflage, 2008

Oesterreich, Klaus/Wagner, O./Hoyer, S.: Differentialdiagnose und Therapie der zerebralen Insuffizienz. In: Altenpflege. 11. 1983, S. 570 ff.

Oesterreich, Klaus: Psychiatrie des Alters, Heidelberg, 2., überarb. und erw. Auflage, 1981

ders.: Verwirrtheitszustände. In: Kisker, S. 201 ff.

Oswald, Wolf D./Hermann, Werner M./Kanowski, Siegfried/Lehr, Ursula M./Thomae, Hans (Hgg.): Gerontologie, Stuttgart, 3., vollst. überarb. Auflage, 2006

Oswald, Wolf D.: Möglichkeiten und Grenzen der Psychometrie in der psychogeriatrischen Forschung. In: Zeitschrift für Gerontopsychologie und -psychiatrie. 3. 1988, S. 181 ff.

Petzold, Hilarion: Modelle und Konzepte zu integrativen Ansätzen der Therapie. In: Integrative Therapie. 4/80, S. 323 ff.

Petzold, Hilarion / Orth, Ilse (Hrsg).: Poesie und Therapie. Über die Heilkraft der Sprache: Poesietherapie, Bibliotherapie, Literarische Werkstätten, Paderborn 1985

Petzold, Hilarion / Bubolz, Elisabeth: Psychotherapie mit alten Menschen, Paderborn 1979

Pfrogner, Herbert: Das Wirklichkeitstraining aktiviert Heimbewohner. In: Altenpflege. 10. 1988,S. 445 ff.

Poeck, Klaus / Hacke, Werner: Neurologie, Heidelberg, 12., akt. und erw. Auflage, 2006


Rahm, Dorothea u. a.: Einführung in die Integrative Therapie: Grundlagen und Praxis, Paderborn, 2. Auflage, 1993

Reisberg, Barry: Dementia: A systematic approach to identifying reversible causes. Geriatrics. 41. 1986, S. 30 ff.

Reisberg, Barry: Hirnleistungsstörungen: Alzheimersche Krankheit und Demenz, Weinheim, 2., korr. Auflage 1987

Religionsunterrichtsbeirat beim Landeskirchenamt in Hannover: Lehrplan für den Ev.-luth. Religionsunterricht an Volksschulen, Hannover 1928/29

Rogers, Carl R.: Die nicht-direktive Beratung, Frankfurt am Main 1987

Romero, Barbara: Sprachverhaltensstörungen bei Morbus Alzheimer. In: Weis / Weber, S. 921 – 973, S. 1209 – 1251

dies.: Selbsterhaltungstherapie: Konzept, klinische Praxis und bisherige Ergebnisse, In: Zeitschrift für Gerontopsychologie & -psychiatrie 17 (2) 2004, S. 119 – 134


Scharfenberg, Joachim: Einführung in die Pastoralpsychologie, Göttingen, unveränd. Nachdruck der 2. Auflage, 1994

ders.: Seelsorge als Gespräch: zur Theorie und Praxis der seelsorgerlichen Gesprächsführung, Göttingen, 5. Auflage, 1991

Scheibe, Wolfgang (Hrsg.): Zur Geschichte der Volksschule. Bd. II., Bad Heilbrunn 1965

Schillinger, Elisabeth: Das Lächeln des Narren. Eine Geschichte vom Sterben und von der Liebe, Freiburg im Breisgau 1989

Schmidt, Roland / Stephan, Regina (Hrsg.): Der dementiell erkrankte Mensch – Probleme der praktischen Altenhilfe. Deutsches Zentrum für Altersfragen, Berlin 1986

Schnorr von Carolsfeld, Julius: Die Bibel in Bildern, Neuhausen-Stuttgart 1997

Schütte, Anne: Würde im Alter im Horizont von Seelsorge und Pflege, Würzburg 2006

Schütz, Werner: Seelsorge: ein Grundriss, Gütersloh 1977

Schwab, Ulrich: Familienreligiosität: religiöse Traditionen im Prozess der Generationen, Stuttgart u. a. 1995

Schweikle, Günther und Irmgard: Metzler Literaturlexikon, Stuttgart, 2. Auflage, 1990

Six, Paolo: Psychische und somatische Folgen der senilen Demenz vom Alzheimertyp. In: Uchtenhagen, S. 59 ff.

Sperr, Monika (Hrsg.): Das große Schlagerbuch. Deutsche Schlager 1800 – Heute, München 1978

Stachura, Peter D.: Das dritte Reich und die Jugenderziehung: Die Rolle der Hitlerjugend 1933 – 1939. In: Bracher, S. 224 ff.

Steinmetz, Rudolf: Die Bereitung zur Konfirmation, Göttingen 1910

Stengel, Franziska: Gedächtnis spielend trainieren, Stuttgart, 4. Auflage, 1987

Stoppe, Gabriela / Maeck, Lienhard: Therapie von Verhaltensstörungen bei Menschen mit Demenz. In: Zeitschrift für Gerontopsychologie und -psychiatrie, 20 (1), 2007, S. 53-58

129

Tews, Hans Peter: Soziologie des Alterns, Heidelberg, 3., neu bearb. und erw. Auflage, 1979

Theißen, Gerd: Erleben und Verhalten der ersten Christen. Eine Psychologie des Urchristentums, Gütersloh 2007

Thilo, Hans-Joachim: Beratende Seelsorge, Göttingen, 3. Auflage, 1986

Tölle, Rainer: Psychiatrie, Berlin u. a., 14., z. T. neu verf. Auflage, 2006

Trautner, Hanns Martin: Lehrbuch der Entwicklungspsychologie, Band 2, Göttingen u. a. 1991

Uchtenhagen, Ambros/Jovic, Nikola (Hrsg.): Psychogeriatrie: neue Wege – Hinweise für die Praxis, Heidelberg 1988

Umkehr zum Leben, Kirchentagsliederbuch 83, Neukirchen-Stuttgart 1983, Nr. 712, Abdruck mit freundlicher Genehmigung von Fritz Baltruweit

Vogel, Berndt: Musik hören und spüren. In: Musiktherapeutische Umschau. Bd. 8. Heft 3. 1987, S. 204 ff.

Watzlawick, Paul: Die Möglichkeit des Andersseins. Zur Technik der therapeutischen Kommunikation, Bern, 5., erg. Auflage, 2002

Watzlawick, Paul / Beavin, Janet H. / Jackson, Don D.: Menschliche Kommunikation, Bern, 10., unveränd. Auflage, 2000

Weis, Serge/Weber, Germain: Handbuch Morbus Alzheimer – Neurobiologie, Diagnose, Therapie, Weinheim 1997

Weitzel-Polzer, Esther/Rasehorn, Helga/Rasehorn, Eckhard/Brühl, Christof: Therapie. Kartei praktischer Vorschläge zur psychosozialen Therapie mit verwirrten alten Menschen, Hannover 1987

Wessells, Michael G.: Kognitive Psychologie, München u. a., 3. verb. Auflage, 1994

Wettstein, Albert: Senile Demenz, Bern 1991

Wetzstein, Verena: Diagnose Alzheimer – Grundlagen einer Ethik der Demenz, Frankfurt a. M. 2005

Wiegand, Erich / Zapf, Wolfgang: Wandel der Lebensbedingungen in Deutschland, Frankfurt a. M. 1982

Willkomm, Liebgunde: Musikpsychologie. In: Decker-Voigt, 1983, S. 213 ff.

Wittgenstein, Ludwig: Philosophische Untersuchungen. Neu herausgegeben von Joachim Schulte, Frankfurt a. M. 2001

Wolff, Lutz-W. (Hrsg.): Puppchen, du bist mein Augenstern. Deutsche Schlager aus vier Jahrzehnten, 1981

Zgola, Jitka M.: Etwas tun! Die Arbeit mit Alzheimerkranken und anderen chronisch Verwirrten, Bern u. a., 2. Auflage, 1999

# Der Autor

Klaus Depping ist evangelischer Pfarrer der Ev.-luth. Landeskirche Hannovers. Er studierte u. a. Soziologie, Psychologie und Erziehungswissenschaften und absolvierte eine gerontopsychiatrische Zusatzausbildung sowie eine Ausbildung zum Lebensberater. Viele Jahre war er Gemeindepastor und Projektleiter eines Projektes über die seelsorgerliche Begleitung von verwirrten alten Menschen. Außerdem war er Lehrbeauftragter an der Ev. Fachhochschule Hannover.

Heute ist er Inhaber der „Fachstelle für gemeindebezogene Altenarbeit in der EEB Niedersachsen" in Hannover. Hier führt er Fortbildungsveranstaltungen im Bereich Seelsorge und psychosoziale Begleitung für MitarbeiterInnen auch aus dem pflegerischen Bereich durch sowie Fortbildungsveranstaltungen im Bereich der offenen Altenarbeit.

**Weitere Veröffentlichungen:**

• Altersverwirrte Menschen seelsorgerlich begleiten. Eine Vermittlungshilfe für Aus- und Fortbildende verschiedener Bereiche, Bd. 2, Lutherisches Verlagshaus, Hannover, 2. Auflage, 2000

• Depressive alte Menschen seelsorgerlich begleiten. Auswege aus Schwermut und Verzweiflung, Lutherisches Verlagshaus, Hannover, 2. Auflage, 2002

• Leben mit dementen Menschen. Zehn Bausteine für die Gruppenarbeit mit pflegenden Angehörigen, Ev. Erwachsenenbildung Niedersachsen, Landesgeschäftsstelle, Postfach 265, 30169 Hannover, Tel.: 0511/1241-413